DÜSTERLAND

Kriminalroman von Moa Graven

Impressum
Düsterland – Die Anwältin Band 1
Kriminalroman von Moa Graven
Alle Rechte am Werk liegen bei der Autorin
Erschienen im Criminal-kick-Verlag Ostfriesland
Mai 2018
ISBN 978-3-946868-37-8
Umschlaggestaltung: Moa Graven

Zum Inhalt

Paula Fenders war einmal eine erfolgreiche und angesehene Anwältin in Ostfriesland. Doch alles brach zusammen, als man ihren Sohn Philipp entführte. Er blieb verschwunden, Paulas Ehe zerbrach und sie zog sich in ein altes stilvolles Haus mit fünf Katzen zurück. Die Adresse kennt niemand und Paula braucht auch niemanden mehr. Sie arbeitet online unter einem Pseudonym und berät User in Rechtsfragen. Eines Tages erhält sie eine Mail von einer verzweifelten Mutter namens Doro, deren Sohn nicht von der Schule nach Hause gekommen ist. Die Polizei stellt den Fall nach erfolgloser Suche ein. Aber es gibt einen Mann, dem Doro alles zutraut, denn er hat sich in ihr Leben geschlichen an dem Tag, als Noah verschwand. Sie fragt Paula um Rat nach den Folgen für sie, wenn sie diesen Mann tötet. Paula möchte eigentlich nicht antworten, doch aus irgendeinem Grund fühlt sie sich mit der Frau wegen des gemeinsamen Schicksals verbunden. Sie schreibt ihr und das hat fatale Folgen.

Die Anwältin

Ein ganz normaler Frühlingstag

Die Morgensonne schickte ihre ersten Strahlen über den liebevoll gedeckten Frühstückstisch. Doro liebte diese Viertelstunde, bevor Noah und Steffen nach unten kamen. Es hatte etwas Friedvolles und machte sie glücklich. Ja, sie hatte Glück gehabt, als sie Steffen in einer Diskothek traf, als sie eigentlich schon hatte gehen wollen. Es war spät geworden mit ihren Freundinnen, wobei die eine einfach nicht mitwollte, weil sie vor einiger Zeit einen Flirt via Blickkontakt mit einem netten Typen an der Bar angefangen hatte. Die Freundinnen taten ihr den Gefallen und blieben noch. Und nur deshalb hatte Doro Steffen kennen gelernt. Es war Schicksal. Es hatte so kommen müssen. Für Doro, einen Skorpion wie aus den Lehrbüchern über Sternzeichen, gab es da keinen Zweifel.

Eine dunkle Wolke schob sich vor die Sonne und holte Doro aus ihren Tagträumen. Und hätte sie in diesem Augenblick schon gewusst, dass sie am Ende des Tages der traurigste Mensch auf Erden sein würde, sie hätte alles anders gemacht.

»Guten Morgen, Schatz.« Steffen hatte seine Arme von hinten um sie gelegt und drückte ihr einen Kuss in den Nacken.

»Morgen Schatz«, entgegnete sie, »ist Noah auch schon im Bad?«

»Ja, er putzt sich gerade zum dritten Mal die Zähne. Irgendjemand muss ihm in der Schule gesagt haben, dass man von zu viel Lakritze schwarze Zähne bekommt.«

Doro schmunzelte und goss Steffen Kaffee ein. »Wird es heute Abend spät bei dir?«, fragte sie.

»Wenn alles gut mitläuft, eigentlich nicht«, antwortete Steffen und schlug die Zeitung auf.

»Wäre schön, wenn wir zusammen mit Noah zu Abend essen könnten.«

»Ich werde alles daran setzen, dass es klappt«, sagte er durch die Zeitung und biss in den Toast mit Marmelade, den Doro ihm hingestellt hatte.

Ein langgezogenes »Mama« ertönte im Flur. Im nächsten Moment zeigte Noah seiner Mutter die Zähne. »Gut?«, fragte er dann und sah sie aus großen braunen Augen freudestrahlend an.

»Ganz toll, mein Schatz«, antwortete Doro und zog ihren Sohn an sich. »Und jetzt wird erst einmal gefrühstückt. Heute gibt es Cornflakes mit Milch und Honig.«

»Kann ich nicht auch einen Toast mit Marmelade haben, so wie Papa?«, fragte Noah, der alles Süße liebte.

»Erst, wenn du die Schüssel aufgegessen hast«, mahnte Doro gespielt, »erst das Gesunde und dann das Vergnügen.«

»Und warum bekommt Papa gleich das Vergnügen?«, fragte Noah kokett und begann, seine Flakes mit Milch zu löffeln.

Nein, es hätte nichts gegeben, was Doro nicht für ihren Sohn getan hätte.

Nur eine halbe Stunde später saß sie alleine am Küchentisch und sah auf die Uhr. Steffen und Noah waren aus dem Haus gegangen. Es ergab sich so, dass Steffen seinen Sohn morgens immer zur Schule bringen konnte und mittags fuhr der Junge mit seinem Fahrrad, das Steffen im Kofferraum mitnahm, den kurzen Weg alleine zurück. Das ging seit einem halben Jahr so. Davor hatte Doro ihn immer noch abgeholt. Bis Steffen eines Tages meinte, dass es für Noah nur gut sein könnte, wenn er selber zurückführe, um sein Selbstbewusstsein zu stärken. Und so weit sei der Weg ja auch gar nicht. Nicht einmal zwei Kilometer. Was sollte da schon passieren.

Doro räumte den Tisch ab, stellte die Geschirrspülmaschine an, hängte die Wäsche auf und bezog die Betten neu. Sie war Hausfrau, seitdem Noah auf der Welt war. Und das war sie gerne. Manche ihrer früheren Kolleginnen aus dem Rechsanwaltsbüro, wo sie als Bürokraft bis zur Geburt gearbeitet hatte, verstanden nicht ganz, warum sie, seitdem Noah zur Schule ging, nicht wieder anfing. Doch Doro lehnte dieses bisher immer ab. Selbst Steffen hatte ihr schon durch die Blume gesagt, dass es durchaus normal sei, wenn eine Frau irgendwann wieder arbeiten ginge. Und solange Noah in der Schule sei, sei er doch gut aufgehoben. Aber Doro wollte das nicht. Selber ab dem vierten Jahr als Schlüsselkind groß geworden wusste sie, was es bedeutete, nach der Schule, wenn man so voller Erlebnisse war, die man gerne irgendjemandem erzählen wollte, wenn man dann in ein leeres kaltes Haus kam. Das Gefühl sollte Noah nie haben nach der Schule. Und da Steffen genug verdiente in seiner Firma, in der er als Ingenieur arbeitete, konnten sie es sich auch leisten.

Das Mittagessen stand gegen dreizehn Uhr fertig auf dem Ofen auf der Warmhalteplatte. Meistens trudelte Noah zwischen 13.15 und 13.25 Uhr zuhause ein, je nachdem, wie lange er sich nach der Schule noch mit seinen besten Freunden unterhielt. Doro war deshalb noch nicht in Sorge, als sie ihn gegen 13.20 Uhr noch nicht auf der Auffahrt entdecken konnte, als sie durch das Küchenfenster nach draußen sah. Es gab eine Suppe, die

10

konnte lange stehen. Sie schmeckte sie noch einmal ab, gab noch etwas Salz und Kräuter dazu und rührte sie noch einmal um.

Dann kam das erste Mal ein mulmiges Gefühl in ihr hoch. Sie hätte nicht sagen können, was der Auslöser dafür gewesen war. Lag es an der Waschmaschine, die nebenan in den Schleudergang gewechselt war? Oder daran, dass sie langsam selber Hunger bekam? Sie sah zur Uhr. 13.28 Uhr. Doro ging noch einmal zum Fenster. Die Ruhe im Haus wirkte plötzlich beängstigend. Noah war nirgends zu sehen. Sie hielt es jetzt im Haus nicht mehr aus. Dann würde sie ihm eben entgegenlaufen, beschloss sie. Es konnte ja auch sein, dass er Hilfe brauchte, weil er einen platten Reifen hatte oder die Kette von seinem Fahrrad abgesprungen war. Es gab so viele Gründe, warum Kinder sich verspäteten. Es würde auch im Fall von Noah eine ganz plausible Erklärung geben. Doro ließ nicht zu, dass ihre Hände zitterten, als sie vor die Tür trat, und steckte sie geballt in die Jackentaschen.

Am Ende der Auffahrt sah sie sich nach allen Seiten um. Eigentlich hätte sie jetzt laut seinen Namen rufen wollen. Doch sie wusste, dass dann zumindest gleich die Nachbarin zur Linken auf die Straße gelaufen käme. Sie war arbeitslos und hatte keine Kinder. Dafür interessierte sie sich umso mehr für Doros Familienleben und manchmal auch ein wenig zu sehr für Steffen.

Also ging Doro schweigend in die Richtung, aus der Noah zwangsläufig kommen musste. So wie jeden Tag, wenn die Schule aus war.

Doch auch, als sie mindestens zweihundert Meter zurückgelegt hatte, war von Noah nichts zu sehen. Das Blut in ihren Adern schien gefroren. Alles in ihr zog sich zusammen. Konnte es für Noahs Ausbleiben jetzt wirklich noch einen ganz einfachen Grund geben? War er vielleicht mit zu Kevin gegangen? Manchmal machte er das ja. Aber auf keinen Fall, ohne dass sie Bescheid wusste. Sie blieb mitten auf der Straße stehen und sah auf ihre Armbanduhr, was sie bis dahin zwanghaft vermieden hatte. Gleich war es 13.50 Uhr. Noah war mehr als zwanzig Minuten überfällig. Doro sah sich noch einmal nach allen Seiten um. Niemand war zu sehen. Es schien, als habe die Straße sich in ein Vakuum aus Angst gehüllt. Eine Angst, die sie jetzt kaum noch zu bändigen in der Lage schien. Sie begann zu rennen. Immer schneller lief sie den Weg, aus dem Noah jetzt eigentlich hätte kommen müssen. Dann stolperte sie. Ihre Haare waren völlig verschwitzt. Sie fiel. Stieß sich an einem spitzen Stein das Knie auf. Fing an zu schreien. »Noah!«

Sie kam wieder auf die Beine. Ein Mann, den sie nicht kannte, war vor sein Haus getreten und sah interessiert zu ihr herüber.

»Kann ich Ihnen helfen?«, fragte er, als er merkte, dass Doro seine Blicke spürte.

»Ich weiß nicht«, antwortete sie hilflos, »mein Sohn ... eigentlich müsste er schon längst zu Hause sein.«

Jetzt kam der Mann seine Auffahrt herunter gelaufen und stand dann neben ihr und sah ihr direkt ins Gesicht. »Wie alt ist Ihr Sohn denn?«

»Acht Jahre«, sagte Doro. »Da hinten ist seine Schule, keine zwei Kilometer von unserem Zuhause entfernt. Er hätte vor über einer halben Stunde schon zurück sein müssen. Ich verstehe das nicht.« Erste Tränen traten in ihre Augen. Sie hatte sich so lange dagegen gewehrt, wollte einfach nicht wahrhaben, dass Noah etwas zugestoßen sein könnte.

Der Mann griff nach ihrem Arm, weil er sah, dass sie kreidebleich war und er damit rechnete, dass sie jeden Moment die Beherrschung verlieren könnte.

»Sie könnten mit mir ins Haus kommen, dann rufen wir jemanden an«, schlug er vor.

Doro schüttelte den Kopf. »Ich gehe hier nicht weg«, sagte sie und fuchtelte wild mit ihren Armen um sich, um seine Hand abzuschütteln.

»Ist gut«, sagte er immer noch ruhig. »Dann gehen wir jetzt gemeinsam den Weg weiter, auf dem Ihr Sohn eigentlich nach Hause gefahren wäre. In Ordnung?«

»Wäre?«, fragte Doro. »Meinen Sie, dass er ...«. Sie konnte nicht weitersprechen.

Wieder griff der Mann nach ihrem Arm. Er war mindestens einen Kopf größer und sehr kräftig. Jetzt wehrte Doro sich nicht mehr, denn es wurde ihr für einen kurzen Moment schwarz vor Augen.

»Ich werde zurück nach Hause gehen«, sagte sie, »vielleicht hat er ja eine Abkürzung genommen oder ist schon früher nach Hause gefahren.«

Der Mann wusste, dass die junge Mutter vor ihm sich in Wunschträume rettete, um das Unfassbare nicht an sich heranzulassen. »Ich werde Sie begleiten«, sagte er. »Wenn wir zu zweit sind, dann finden wir ihn vielleicht eher.«

Doro nickte und schlug den Weg zu ihrem Haus ein.

Als sie dort ankamen, stand das Fahrrad von Noah nicht auf der Auffahrt. Und es kam auch kein fröhlich lachender Junge aus dem Haus gerannt, der sich darüber lustig machte, dass er seiner Mutter so einen Schrecken eingejagt hatte. Alles hätte Doro ihm in diesem Moment verziehen. Wirklich alles. Wenn er nur da wäre.

Mit zitternden Fingern steckte sie den Schlüssel ins Schloss. Sah den Mann an, den sie gar nicht kannte.

»Wir sollten zuerst in der Schule anrufen«, schlug er vor, als sei es selbstverständlich, dass er jetzt mit ins Haus ginge. »Es kann doch sein, dass dort etwas dazwischen gekommen ist.«

»Dazwischen gekommen?«, wiederholte Doro und war immer noch nicht bereit, ihn ins Haus zu lassen. Dafür hatte sie einfach schon zu viele Warnungen vor Fremden im Fernsehen und in der Zeitung gesehen. »Dann müsste ja eine Nachricht auf meinem Anrufbeantworter sein.«

»Sicher«, sagte er ruhig. »Deshalb ist es wirklich besser, wenn wir jetzt ins Haus gehen.« Er sah sie an und wartete ab.

Das wiederum wirkte auf Doro Vertrauen erweckend. Er hätte sie ja auch schon längst an den Armen gepackt und ins Haus geschubst haben können, wenn er sie überwältigen wollte.

»Na gut«, sagte sie matt, denn im Grunde war sie froh, jetzt nicht alleine zu sein.

Es gab keine Nachrichten. Weder auf dem Anrufbeantworter in der Küche, noch auf der Mailbox ihres Handys, das sie aus ihrem kleinen roten Rucksack zog, der immer auf dem Schrank im Flur stand.

»Wen könnten Sie anrufen?«, fragte der Mann, der sich immer noch nicht namentlich vorgestellt hatte.

»Meinen Mann«, sagte Doro, »ich muss meinen Mann anrufen.«

»Sicher. Aber ich meine, gibt es Freunde, die ihr Sohn hat, mit denen er manchmal nach der Schule spielt?«

»Ja. Die gibt es. Aber ich muss meinen Mann anrufen.«

Sie sah auf ihr Handy. Es war fast eine weitere Dreiviertelstunde vergangen. Gleich war es halb drei. Es gab für Doro jetzt keinen Zweifel mehr, dass Noah irgendetwas zugestoßen sein musste. Und im günstigsten Fall war er mit dem Rad gestürzt und irgendjemand kümmerte sich jetzt um ihn und fragte ihn nach seinem Namen und dem Haus, wo er wohnte. Aber warum hatte sich dann noch niemand bei ihr gemeldet?

Sie wählte Steffens Nummer und lehnte sich an die Küchenanrichte. Sie fuhr sich mit der freien Hand durchs Haar. Selbst in diesem Moment fragte sie sich, wie sie wohl aussah. Denn der fremde Mann hatte sich an den Küchentisch gesetzt, als gehörte er zur Familie, und sah sie prüfend an.

»Hallo?«, hörte sie kurz darauf die Stimme ihres Mannes und Lärm im Hintergrund.

»Steffen?«

»Doro? Entschuldige, hier ist es ziemlich laut, ich gehe ins Haus, dann verstehe ich dich besser.«

Sie hörte, wie es leiser wurde, hörte seinen Atem. Hörte seine Schritte auf kaltem Beton.

»So, jetzt ist es besser. Warum rufst du an, Schatz? Ist etwas passiert?«

Das war der Moment, wo ihre Knie weich wurden.

»Noah«, sagte sie nur.

»Noah?« Seine Stimme klang sofort besorgt. »Was ist mit Noah?«

»Er ist …«, sie schluckte, »er ist nicht nach Hause gekommen.« Dann fing sie an zu weinen und konnte nicht weiter sprechen.

»Was soll das heißen?«, hörte sie eine Stimme wie von weit weg in ihrem Ohr. »Doro, nun sag doch was …«.

Der Fremde war zu ihr gekommen und nahm ihr das Handy aus der Hand.

»Hallo? Hier ist Bernd Münkel«, sagte er. »Ich habe Ihre Frau …«. Weiter kam er nicht.

»Wer sind Sie?!«, brüllte Steffen, »ich will sofort wieder mit meiner Frau sprechen.«

»Sie kann jetzt nicht. Ich habe sie auf der Straße gesehen, sie hat nach ihrem Sohn gesucht.«

»Geben Sie mir sofort wieder meine Frau!«, brüllte Steffen und der Hall der kahlen Wände schwang in seiner Stimme mit.

Doro, die sich ein wenig beruhigen konnte, indem sie sich kaltes Wasser in der Spüle über die Hände laufen ließ, drehte sich um, als sie Steffens Verzweiflung hörte. Sie musste doch jetzt mit ihm sprechen und nicht dieser Fremde. Sie griff nach ihrem Handy und riss es an sich.

»Steffen? Kannst du nach Hause kommen?«, fragte sie.

»Doro, was ist mit Noah?«, erwiderte er.

»Ich weiß es doch nicht. Er ist nicht nach Hause gekommen. Kannst du bitte kommen?«

»Ich bin sofort da«, sagte Steffen und legte auf.

Doro legte ihr Handy auf den Tisch. Gleich würde ihr Mann da sein. Das beruhigte sie ein wenig. Machte sie gefasst und sicherer. Plötzlich war es ihr unangenehm, diesen Mann hier neben sich zu sehen.

»Soll ich warten, bis Ihr Mann hier ist?«, fragte er, als er ihre Blicke spürte.

»Sie heißen Münkel?«, fragte Doro zurück, anstatt zu antworten.

Er nickte. »Ja, Bernd Münkel. Wir haben uns bisher noch nie miteinander unterhalten, aber ich kenne Sie und Ihren Sohn.«

Doros Herz machte einen Satz. War er ein Spanner? Hatte er sie beobachtet? Bis Steffen hier war, konnte gut und gerne noch eine ganze Stunde vergehen. Irgendwie bekam sie Angst. Der Mann und sie, sie standen sich jetzt gegenüber. In ihrer Küche. Es war grotesk.

»Sie kennen uns?«, fragte sie leise und versuchte, von ihm unbemerkt zum Messerblock zu sehen. Für den Fall der Fälle.

»Kennen ist sicher zu viel gesagt«, antwortete er, »aber ich sehe Noah jeden Tag. Also fast immer dann, wenn er von der Schule kommt.«

Doro schaltete sofort. »Und heute?«, fragte sie fast flehend.

Kaum wahrnehmbar wiegte er den Kopf hin und her. »Heute habe ich Noah noch nicht gesehen.«

Jegliche Hoffnung fiel in sich zusammen und nahm Doro mit.

»Mein Mann wird gleich hier sein«, sagte sie, »also, wenn Sie wollen, dann können Sie jetzt ruhig gehen. Ich meine, Sie haben sicher auch etwas anderes zu tun, nehme ich an.«

»Bis Ihr Mann hier eintrifft, dauert es noch eine Weile«, sagte er und beschrieb ihr die Baustelle, wo Steffen zurzeit die Aufsicht führte.

Woher wusste er das alles? Er wurde ihr immer unheimlicher. Aber wenn sie ihn jetzt danach fragte, dann wusste er, dass sie Angst vor ihm hatte. Das machte sie zu einem willkommenen Opfer, wenn er ihr etwas antun wollte.

»Ja, kann sein ...«, antwortete sie obenhin. »Aber ich komme schon zurecht.«

»Das glaube ich nicht. Ich werde jetzt einen Kaffee machen und Sie setzen sich einfach an den Tisch. Glauben Sie mir, mit Noah ist bestimmt alles in Ordnung.«

Wie in Trance befolgte Doro seine Aufforderung, setzte sich, und ließ den Messerblock nicht aus den Augen. Der Fremde, er redete mittlerweile mit ihr, als gehörte er wirklich hierher. Als sei er Teil von ihrer kleinen Welt. Jetzt nahm er die Kaffeekanne, füllte Wasser ein und goss es in die Maschine. Ganz wie von selbst nahm er einen Kaffeefilter und füllte Pulver hinein. Wie lange beobachtet er mich schon?, fragte sich Doro und sah zum Küchenfenster. Konnte er von dort aus alles gesehen haben, was sie so den ganzen Tag machte, wenn sie alleine war und auf Noah wartete? Hatte er gesehen, wie sie heute Morgen gefrühstückt hatten und Steffen mit Noah das Haus verließ?

Er nahm zwei Kaffeebecher, die zum Trocknen in einem Geschirrkorb standen, und stellte sie auf den Tisch.

»Nehmen Sie Milch und Zucker?«, fragte er.

Sie schüttelte den Kopf. Das wusste er also nicht. Er wusste nicht, wie sie ihren Kaffee trank.

»Also schwarz, genau wie ich«, sagte er und setzte sich zu ihr an den Tisch. »Ich werde bei Ihnen bleiben, bis Ihr Mann hier ist. Glauben Sie mir, Sie sollten jetzt nicht alleine sein.«

Doro fühlte sich in dem Moment so furchtbar einsam, dass es wehtat. Wäre er jetzt nicht hier, dann hätte sie laut gebrüllt und geweint, hätte um sich geschlagen vor Schmerz. Sie wusste nicht, wo Noah war. Gab es etwas Schlimmeres für eine Mutter? Doch vor diesem Mann, da wollte sie sich jetzt keine Blöße mehr geben. Sie musste sich zusammenreißen und ihn im Auge behalten. Denn, wenn er etwas über Noahs Verschwinden wusste, dann wäre es sicher ratsam, ihn nicht aus der Fassung zu bringen, ihn nicht zu verärgern mit emotionalen Ausbrüchen. Nein, sie musste für Noah stark sein, wenn sie ihn retten wollte. Mein Baby, dachte sie, und ihr Herz zog sich zusammen, denn ihr Blick war auf ein Foto geheftet, das Steffen vor einer Woche an den Kühlschrank geklebt hatte. Es zeigte Noah mit seinem Schulheft. Er hatte das erste Mal eine eins in einer Mathearbeit geschrieben. Er sah so glücklich aus auf dem Bild. Und jetzt war Noah nicht mehr da.

»Ich glaube, Ihr Mann kommt«, sagte der Fremde.

Doro drehte sich zum Küchenfenster und sah, wie Steffen aus dem Wagen stieg und auf das Haus zugerannt kam. Kurz darauf hörte sie die Tür und ging ihm entgegen. Sie fielen sich in die Arme.

»Wir müssen die Polizei rufen«, sagte Doro.

»Ja, das sollten wir tun, Noah bleibt nicht einfach von zuhause weg, es muss ihm etwas zugestoßen sein.«

Der fremde Mann war in den Flur gekommen.

»Danke, dass Sie meiner Frau beigestanden haben«, sagte Steffen, »aber ich denke, wir kommen jetzt alleine zurecht.«

»Sicher«, sagte der Mann, »wenn Sie mich noch brauchen, dann wissen Sie ja, wo Sie mich finden können.« Er nickte den beiden noch einmal zu und verließ das Haus.

»Endlich«, sagte Doro erleichtert, »er war mir irgendwie unheimlich.«

»Komm, wir gehen erst einmal in die Küche und rufen die Polizei«, schlug Steffen vor. Dann wählte er den Notruf und schilderte das, was Doro ihm am Telefon berichtet hatte. »Es kommt gleich jemand vorbei«, sagte er, als er auflegte.

»Werden Sie Noah finden?«

»Da bin ich ganz sicher. Komm, wir setzen uns jetzt erst einmal, du bist ja völlig verstört. Soll ich uns einen Tee machen?«

Doro nickte. »Noah macht so etwas nicht, oder?«

»Was meinst du?«

»Ich meine, dass er einfach von zuhause wegbleibt ...«.

»Nein, so etwas tut unser Sohn nicht«, bestätigte Steffen. »Die Polizei wird gleich hier sein. Bestimmt finden sie ihn bald.«

Er setzte Wasser auf, nahm Tassen aus dem Schrank, stellte Kandis und Milch auf den Tisch. Er musste sich einfach beschäftigen, sonst drehte er noch durch. Auf der Fahrt nach Hause hatte er jede Geschwindigkeitsbegrenzung und Ampeln, die gerade auf Rot übersprangen, ignoriert. Innerlich tobte etwas in ihm, dass er vor Doro lieber verbarg. Irgendjemand musste doch die Nerven behalten. Bestimmt würde man Noah finden. Es musste eine einfache Erklärung dafür geben, dass er nicht hier war.

»Wen hast du denn schon alles angerufen?«, fragte er, während er den Tee aufgoss.

»Ich habe niemanden angerufen«, sagte sie, »du weißt doch, der Mann ....«

»Dann sollten wir jetzt aber dringend telefonieren«, sagte Steffen und griff zu Doros Handy, wo alle Kontakte, die irgendwie mit Noah zusammenhingen, gespeichert waren. Als Erstes rief er in der Schule an. Die Schulsekretärin reagierte entsetzt, dass Noah nicht zuhause war, konnte aber von keinen außergewöhnlichen Vorkommnissen berichten. Nach ihren Informationen seien alle Schüler nach Unterrichtsschluss nach Hause gegangen. Steffen rief danach bei Noahs Klassenlehrerin zuhause an. Auch sie reagierte erschrocken, bestätigte aber, dass Noah wie sonst auch seine Sachen gepackt und zu seinem Fahrrad gegangen sei. Allerdings hätte sie nicht gesehen, wohin er gefahren sei oder mit wem. Danach rief Steffen bei zwei Familien an, mit deren Söhnen Noah am besten befreundet war. Niemand hatte etwas von Noah gesehen oder gehört. Sie boten ihre Hilfe an und versprachen, sich sofort zu melden, falls es etwas Neues geben sollte.

Es klingelte an der Tür.

»Die Polizei«, sagte Steffen und machte auf. Kurz darauf kam er mit zwei Beamten, einem Mann und einer Frau, zurück in die Küche. Sie stellten sich als Evelyn Westkamp und Erik Frahn vor. Sie ließen sich noch einmal von Doro die Geschehnisse der letzten drei Stunden schildern.

»Was ist das für ein Mann?«, fragte Frahn, »haben Sie sonst auch Kontakt zu ihm?«

»Nein, eigentlich habe ich ihn heute zum ersten Mal gesehen«, sagte Doro. »Ich fand es komisch, dass er mit zu mir nach Hause gekommen ist. Irgendwie hat er mir auch Angst gemacht.«

»Inwiefern?«

»Das kann ich nicht so genau sagen. Aber er wusste eigentlich alles über uns. Ich meine, es kam mir so vor, als ob er uns schon lange beobachtet hat. Wie sonst hätte er wissen können, wer Noah war? Und als ich auf der Straße nach Noah gesucht habe, da hat er mich sofort erkannt.«

»Hat er es Ihnen gegenüber so deutlich gesagt?«

»Ja, das hat er. Ich hatte den Eindruck, dass er sehr genau über uns drei Bescheid weiß.«

Frahn notierte sich den Namen und die Adresse des Mannes.

»Was werden Sie denn jetzt unternehmen?«, fragte Doro.

Frahn sah zu dem Foto am Kühlschrank. »Ich nehme an, dass es ein aktuelles Foto ist?«

Steffen nickte, nahm es ab und gab es dem Beamten.

»Die Chancen, Ihren Sohn zu finden, sind noch recht groß«, sagte Frahn, als er das Bild einsteckte. »Wieso haben Sie so lange damit gewartet, die Polizei zu informieren, Frau Schünemann?«

Doro sah unsicher zu Steffen. »Ich ... ich bin doch zunächst nach draußen gegangen, um selber nach Noah zu suchen. Und dann war da dieser Mann.«

»Sie meinen Bernd Münkel?«

Doro nickte. »Er hat mich ja bis hierher wieder nach Hause begleitet. Ich wurde ihn einfach nicht mehr los.

Glauben Sie, dass er etwas mit dem Verschwinden von Noah zu tun haben könnte?«

»Glauben Sie es denn?«

»Ich weiß es nicht. Er war mir unheimlich.«

»Ja, das sagten Sie schon. Trotzdem erklärt es nicht, warum Sie nicht sofort die Polizei gerufen haben. Wenn ich es richtig verstehe, dann war es ja sogar Ihr Mann, der dann in der Schule und bei den Schulfreunden anrief. Ist das richtig?«

Doro nickte und fühlte sich schlecht. Fast so, als wäre sie schuld an allem, weil sie nicht sofort richtig reagiert hatte. Und das alles nur wegen dieses Mannes. »Es stimmt, ich habe nicht angerufen«, sagte sie kleinlaut.

Evelyn Westkamp sprang ihr zur Seite. »Vielleicht haben Sie richtig gehandelt, wenn Sie den Verdacht hatten, dass der Mann etwas mit der Sache zu tun haben könnte.«

»Hilft uns das hier jetzt irgendwie weiter?«, fragte Steffen, dem langsam der Geduldsfaden riss. »Wäre es jetzt nicht besser, Sie würden nach unserem Sohn suchen?«

»Die Suche läuft bereits«, sagte Frahn ruhig. »Wir sind hier bei Ihnen, um die Fakten zusammenzutragen.«

»Entschuldigen Sie«, sagte Steffen, »es ist nur ....«

»Schon gut. Ich verstehe, was Sie im Moment durchmachen. Wir werden eine Fangschaltung einrichten, falls es sich um eine Entführung handelt und die Erpresser sich melden sollten.«

»Entführung?«, fragte Steffen, »wer sollte uns denn erpressen wollen? Wir kommen zwar ganz gut über die Runden, aber über Reichtümer verfügen wir nun wirklich nicht.«

»Es ist nur eine von vielen Möglichkeiten«, sagte Frahn. »Und wir sollten keine Chance ungenutzt lassen, Ihren Sohn zu finden.«

Die Anwältin

Paula

Jay strich ihr um die Beine und drückte seinen Kopf gegen ihr Knie.

»Ich weiß genau, was du willst«, sagte Paula zärtlich und fuhr mit ihrer Hand über seinen Kopf. Sie verband etwas ganz Besonderes mit diesem Kater, der ihr vor drei Jahren von irgendjemandem in einem Karton vor die Tür gesetzt worden war. Vielleicht waren sie beide auf gewisse Weise ausgesetzt. Bei Paula war es ein einschneidendes Erlebnis gewesen, was sie aus der Bahn geworfen hatte. Sie hinaus katapultierte aus ihrem bisherigen Leben. Von einem Tag auf den anderen war nichts mehr, wie es war. Sie hatte sich eine Auszeit genommen. Und diese dauerte jetzt schon fast acht Jahre an. Sie hatte nie mehr zurückgefunden und sich mit dem arrangiert, was ihr noch geblieben war, seitdem ihr Sohn Philipp von einem Tag auf den anderen verschwunden war.

Als Jay anfing zu mauen, horchten auch die anderen Katzen auf und kamen nach und nach in die Küche gerannt. Es war Fütterungszeit. Ein besonderes Ritual zwischen Paula und ihren Tieren. Sie alle hatten irgendwie den Weg zu ihr gefunden, seitdem sie hier in der großen alten Villa zurückgezogen irgendwo in Ostfriesland lebte. Die Adresse kannte nur sie. Na ja, und auch Mark, Philipps Vater. Das Paar hatte sich nach zwei zermürbenden Jahren nach dem Verschwinden des Sohnes getrennt. Bis heute fehlte jede Spur von Philipp und Paula weigerte sich zu glauben, dass er tot war. In ihrer Gedankenwelt, da ging es ihm gut. Egal, wer ihn auch mitgenommen haben mochte, als er auf dem Weg von der Schule nicht mehr nach Hause kam. Es ging ihm gut, denn wenn sie sich nicht an diese Hoffnung hätte klammern können, dann gäbe es für sie auch keinen Grund mehr, am nächsten Tag noch aufzustehen.

Paula stellte fünf Porzellanschälchen auf die Küchenspüle und verteilte drei Dosen Futter darin. Eigentlich hatten die Katzen immer genügend Vorrat in ihrem Katzenzimmer, doch dieses Ritual am späten Nachmittag gehörte für alle dazu. Sie sah den Tieren dabei zu, wie sie mit nickenden Köpfen fraßen. Selber hatte sie keinen Hunger, obwohl sie heute nach dem Frühstück, das aus einem mit Butter beschmierten Knäckebrot bestand, noch gar nichts anderes gegessen hatte. Manchmal aß sie tagelang nicht, ohne es zu merken. Das war, wenn sie wieder mal mit einer kniffeligen juristischen Frage beschäftigt war. Seit ihrer Auszeit arbeitete Paula von zuhause aus. Nur online. Sie wollte niemanden mehr treffen oder verspürte kaum noch Lust, intensivere Kontakte zu knüpfen. Jedenfalls, wenn es um Persönliches ging. Im Netz allerdings hatte sie sich einer Gruppe von Frauen angeschlossen, denen es ähnlich ging wie ihr. Allerdings unter einem Pseudonym. Sie verband die Trauer um den Verlust eines Kindes. Einige in dem Forum hatten den Tod ihres Kindes zu beklagen. Und manchmal fragte sich Paula, was eigentlich mehr wehtat. Zu wissen, dass ein Kind tot ist, oder so, wie es ihr ging. Nicht zu wissen, ob das Kind, das man einmal unter seinem Herzen getragen hatte und über alles liebte, ob dieses Kind noch lebte, aber man nicht wusste, wie es ihm ging und wo es war. Einmal hatte sie versucht, diese Frage zu stellen, war jedoch sofort von einigen Frauen massiv angegangen worden, weil sie es unmöglich fanden, überhaupt Vergleiche in dieser Art anzustellen. Paula hatte diese Reaktion durchaus nachvollziehen können und sich entschuldigt. In der Anonymität hielt sie mehr aus als im echten Leben.

Jay war wie immer als Erster fertig und bedankte sich bei Paula, indem er wieder um ihre Beine herumstrich. Manchmal stellte sie sich vor, dass er ein Zeichen Philipps war, der in Gestalt dieses Katers Kontakt zu ihr aufnahm, um ihr zu sagen, dass alles gut werden würde. Das war an guten Tagen. An Schlechten, da glaubte sie, dass Philipp tot war und dass seine Seele in Gestalt von Jay an seiner statt jetzt bei ihr lebte. Heute war ein guter Tag. Sie strich Jay über den Kopf, bis er genug davon hatte und mit den anderen die Küche verließ. Die Katzen lebten freiwillig bei ihr. Sie hätten gehen können, wenn sie es gewollt hätten. Es gab eine Tür, die immer offenstand. Nachts gingen die Katzen auf die Pirsch und suchten nach wilden Abenteuern und am Tag, da lagen sie auf einem der Sofas in dem Katzenzimmer und träumten von Dingen, die Paula sich nur ausmalen konnte, wenn sie sah, wie Bess oder Smokie wild mit den Pfoten Löcher in die Luft schlugen.

Bevor es an die Arbeit ging, stellte Paula sich noch unter die Dusche. Auch wenn sie die Gartenarbeit über alles liebte, so liebte sie es auch, sich sauber zu fühlen. Den Tag abzuwaschen. Einen weiteren Tag, an dem sie in jeder Sekunde an Philipp gedacht hatte. Was machte er gerade? Wie sah er heute aus? Bald würde er fünfzehn werden. Ein aufsässiger Teenager, der seinen Eltern das Leben schwermachte. Oh, wie sie es sich manchmal wünschte, mit ihm zu streiten und er am Ende wütend und schreiend aus dem Haus lief, und die Tür hinter sich zuschlug. Sie hätte alles dafür gegeben, dass er sie hasste, weil sie ihm wieder etwas verboten hatte oder ihm Vorhaltungen machte, weil er nicht genug für die Schule tat. In ihrer Fantasie war er groß gewachsen, so wie Mark. Paula mochte große schlaksige Männer, die immer aussahen, als

31

wären sie gerade aus dem Bett gekommen und konnten sich noch mit letzter Kraft bis zur Küche quälen, um sich dann an den Tisch zu setzen und das Gesicht in die Hände zu legen. Mark war so gewesen, als sie sich kennen lernten. Irgendwie hilflos auf ganz besondere Art. Erst im Laufe ihrer Beziehung war es ihr klar geworden, dass er der Stärkere war. Und als Philipp spurlos verschwand, da hatte er darauf gedrängt, sich mit dem Gedanken, dass ihr Sohn niemals wiederkommen würde, vertraut zu machen. Das hatte den ersten Knacks in ihre Beziehung gebracht. Denn Paula wollte sich nicht damit abfinden, dass Philipp tot war. Zwei Jahre lang hatte sie Mark noch zugehört, oder wenigstens so getan. Dann hatte sie einfach ein paar Sachen gepackt, sich ins Auto gesetzt und war so lange gefahren, bis sie diese alte Villa von weitem gesehen hatte. Sie wusste sofort, dass es ihr Haus werden würde. Bei entfernteren Nachbarn erkundigte sie sich unter falschem Namen nach den Besitzern, die irgendwo im Ruhrpott lebten und sich wunderten, dass jemand wegen des verfallenen Gebäudes anrief. Fast schien es so, als hätten sie selbst schon längst vergessen, dass es dieses Haus überhaupt noch gab. Schnell einigten sie sich auf einen Betrag, den Paula am nächsten Tag überwies. Eine Art Kaufvertrag setzte sie per Mail auf und das Ehepaar bestätigte alles. Erst nach einem Jahr hatte sie sich wieder bei Mark gemeldet und sich geweigert, ihm zu sagen, wo sie war. Nach einem weiteren halben Jahr gab sie nach. Nur er kannte diese Adresse und musste ihr schwören, sie niemals jemand anderem zu verraten. Hin und wieder besuchte er sie hier. Vielleicht wollte er sichergehen, dass sie sich nicht umbrachte, vermutete Paula.

Sie setzte sich mit einem Glas Rotwein an ihren Schreibtisch und fuhr den Rechner hoch wie jeden Abend. Über ein Onlinezahlungssystem wickelte sie ihre Beratungstätigkeit ab. Die Menschen wussten nicht, wer sie beriet und glaubten, es handele sich bei der Seite von Paula um einen Zusammenschluss verschiedener hochkarätiger Anwälte, die rund um den Globus verteilt waren. Sie wusste, wie man sich unsichtbar machte.

Und dann war da noch eine andere Seite von Paula. Gegen ein Uhr in der Nacht loggte sie sich unter einem weiteren Pseudonym ein. Es war eine Seite im Darknet, wo sie sich mit Menschen traf, die davon fantasierten, andere Menschen zu töten. Einige nur so zum Spaß, andere, so wie Paula, um sich zu rächen. Bis ins kleinste Detail beschrieben sich die Teilnehmer der Gruppe, die an jedem Abend mit wechselnden Namen auftauchten, wie sie bei dem bevorstehenden Mord, den sie verüben würden, vorgehen würden. Paula setzte gerade ein Messer an eine Kehle. Doch nein, sie würde nicht einfach zustechen. Das war viel zu human dafür, wofür sie sich an diesem bösen Menschen rächen wollte. Immer, wenn sie in diesen Chatraum kam, tötete sie den gleichen Mann. Den, der Philipp entführt hatte. Immer auf andere Art. Vielleicht lag es daran, dass sie noch nicht genug getrunken hatte, doch an diesem Abend, da machte ihr das Töten keinen Spaß. Die erhoffte Befriedigung blieb aus und sie klickte sich raus.

Die Anwältin

Das Verhör

Bernd Münkel wusste, dass es nur eine Frage der Zeit war, bis die Polizei vor seiner Haustür stand. Und so machte er ohne Überraschung auf, als Evelyn Westkamp und Erik Frahn klingelten.

»Guten Abend«, sagte Frahn, »Kripo. Sie wissen, warum wir hier sind, nehme ich an.«

»Ja, das weiß ich«, sagte Münkel. »Kommen Sie herein, ich habe schon auf Sie gewartet.«

Evelyn und Frahn warfen sich hinter seinem Rücken einen fragenden Blick zu. Offensichtlich hatten sie es mit einem leicht gestörten Mitbürger zu tun.

»Sie leben alleine?«, fragte Evelyn, als sie die dicke Staubschicht auf dem dunklen Schrank im Flur unter der hellen Deckenlampe deutlich erkennen konnte.

»Ja, seit fünf Jahren schon«, sagte Münkel, »meine Frau ist an Krebs gestorben.«

»Das tut uns leid ...«.

»Muss es nicht. Wir waren damals beide froh, als sie endlich erlöst wurde.«

Er führte die Beamten in ein Wohnzimmer, in dem schwere Vorhänge den Blick von außen ins Haus versagten.

Der Fernseher lief tonlos und ein Nachrichtensprecher sah ernst in den Raum. Mit einer Geste bat Münkel die beiden, sich zu setzen.

»Sie haben also heute Mittag Frau Schünemann auf der Straße vor ihrem Haus gesehen, als sie nach ihrem Sohn gesucht hat?«, begann Frahn und legten einen Arm auf die abgewetzte Lehne des Sessels und fuhr sich mit der Hand übers stoppelige Kinn.

»Ja, das habe ich gesehen. Ich stand in der Küche am Fenster und habe mich gewundert.«

»Worüber?«

»Na, sie lief mitten auf der Straße. Also nicht, dass hier besonders viel Verkehr wäre, aber normalerweise läuft man doch am Rand einer Straße entlang.«

»Wahrscheinlich. Stehen Sie oft am Fenster und beobachten, was draußen vor sich geht?«

»Sie meinen, ob ich mich langweile? Ja, manchmal. Dann sehe ich nach draußen und frage mich, was andere den ganzen Tag so tun.«

»Was hat Frau Schünemann gemacht, als Sie sie sahen?«

»Sie hat gerufen, ist gegangen, stehen geblieben und hat wieder gerufen.«

»Und dann sind Sie nach draußen zu ihr gegangen?«

»Ja. Ich dachte, ich könnte vielleicht helfen. Ich wusste ja nicht, was passiert war.«

»Was dachten Sie denn, was geschehen sein könnte?«

»Nun ja, irgendwie habe ich gleich geahnt, dass es um ihren Sohn geht.«

»Ach ja? Warum?«

»Sie sah so verzweifelt aus. Warum sonst sollte eine Frau am helllichten Tag so mitten auf der Straße herumlaufen und rufen. Und als ich vor die Tür trat, da wusste ich es.«

»Sofort?«

»Ja, sie rief den Namen ihres Sohnes, Noah.«

»Sie kennen den Jungen?«

»Nur vom Sehen, er fährt ja immer hier entlang, wenn er von der Schule nach Hause kommt.«

»Und woher wussten Sie, dass es Noah ist, der hier vorbeifährt?«

»So viele Kinder wohnen hier nicht. Und das Haus der Schünemanns ist ja auch nur ein paar Häuser weiter.«

»Und deshalb wussten Sie also sofort, dass dort draußen vor Ihrem Haus Frau Schünemann geht, und nach Ihrem Sohn sucht?«

»Ich wusste es erst genau, als ich nach draußen ging und sie den Namen Ihres Jungen rief. Vermutet hatte ich es allerdings schon, als ich sie durchs Fenster sah, wie ich schon sagte.«

»Frau Schünemann sagte uns, dass Sie sie bis nach Hause begleitet hätten. Warum haben Sie das getan?«

Münkel sah ihn überrascht an und sagte: »Warum? Weil ich helfen wollte. Frau Schünemann stand völlig neben sich. Hätte ich sie etwa alleine dort draußen stehen lassen sollen?«

»Vielleicht nicht. Aber Sie haben sie nicht nur zurück nach Hause begleitet, sondern sind auch noch mit ins Haus gegangen, was Frau Schünemann ein wenig irritiert hat, wie sie uns sagte, weil sie sich im Grunde genommen gar nicht kennen würden.«

Münkel schmunzelte. »Ja, so ist das wohl heutzutage, die Menschen nehmen sich nicht mehr wahr. Und aus der Sicht von Frau Schünemann kann ich das auch verstehen. Die kleine Familie hat genug mit sich selber zu tun, aber mir bleibt eben nicht mehr viel, womit ich mich beschäftigen kann. Ich lebe alleine und bin seit einem Jahr auf Rente. Eigentlich ist mein Leben eintönig, das gebe ich gerne zu. Warum also sollte Frau Schünemann jemals vorher von mir Notiz genommen haben?«

»Eben. Sie hat es nicht. Sie waren ein Fremder für sie. Und trotzdem sind Sie mit ihr ins Haus gegangen. Warum? Wollten Sie einmal sehen, wie Frau Schünemann mit ihrer

Familie lebt? Wollten Sie endlich die Gelegenheit nutzen, um das Haus, das Sie schon so lange von draußen beobachteten, auch einmal von innen zu sehen? Hat es Ihnen Spaß gemacht, in die Privatsphäre einer völlig neben sich stehenden Frau einzudringen? War es das, was Sie wollten?«

Frahn war aufgestanden und ging im Zimmer hin und her.

»Herr Münkel, wir wissen, dass Sie die Familie Schünemann seit langem beobachten. Und ich will jetzt nicht länger darum herum reden. Wir fragen uns natürlich, ob es möglich ist, dass Sie etwas mit dem Verschwinden von Noah Schünemann zu tun haben könnten.«

Jetzt kam auch Münkel aus dem Sessel hoch. »Ich weiß, was Sie denken«, sagte er mit schmalen Lippen. »Doch Sie irren sich gewaltig. Ich wollte der jungen Frau nur helfen. Und ich hoffe, dass sie ihren Sohn bald wieder zuhause hat.«

»Wann haben Sie Noah Schünemann denn das letzte Mal gesehen?«, fragte Frahn und die beiden Männer standen sich wie Streithähne gegenüber.

»Gestern«, sagte Münkel und wirkte plötzlich wieder völlig entspannt. »Ich sehe den Jungen fast jeden Tag mittags hier vorbeifahren, wenn die Schule aus ist. Es sei denn, ich bin nicht zuhause oder anderweitig beschäftigt. Dann sehe ich ihn natürlich nicht.«

»Aber gestern haben Sie ihn gesehen?«

Münkel nickte.

»Und heute nicht?«

»Nein, heute nicht.«

»Was haben Sie am Vormittag gemacht? Waren Sie da etwa auch beschäftigt?«

Münkel dachte einen Moment angestrengt nach. »Meine Tage sind sehr eintönig«, sagte er, »ich glaube, heute Vormittag habe ich meine Hemden gewaschen und dann aufgehängt.«

»Und sonst?«

»Ich habe Tee getrunken, gefrühstückt, Zeitung gelesen ... was man eben so macht, um die Zeit totzuschlagen.«

»Wie oft haben Sie aus dem Fenster gesehen?«

»Bitte?«

»Sie sagten doch, dass Sie gerne nach draußen sehen, wenn Ihnen langweilig ist. Ist Ihnen da am heutigen Vormittag irgendetwas Ungewöhnliches aufgefallen? Gerade auch im Hinblick auf die Tatsache, dass ein Junge verschwunden ist. Praktisch direkt vor Ihren Augen.«

Münkel fuhr sich mit dem Zeigefinger über den Mund. »Nein, eigentlich war alles wie an jedem anderen Tag. Die Menschen machen immer dasselbe, genau wie ich. Sie gehen einkaufen, jäten Unkraut im Vorgarten, putzen die Fenster oder sonst etwas.«

»Also absolut nichts Ungewöhnliches?«

»Na ja, ich weiß nicht, ob das wichtig ist ...«.

»Es ist alles wichtig, wenn ein Kind verschwunden ist«, sagte Frahn und Evelyn hörte seinen Ärger deutlich heraus.

»Da war so ein schwarzer Wagen ...«.

»Was für ein Wagen?«

»Er war groß, vielleicht einer von diesen Wagen, die die Menschen heute fahren. Die, die immer zwei Parkplätze für sich beanspruchen und dann steigt nur einer aus. Ich verstehe nicht, was man mit so einem Wagen soll, ich fahre noch immer meinen alten Golf.«

»Ja, da war also ein schwarzer Wagen, den Sie nicht kennen?«

»Nein, den habe ich glaube ich noch nie vorher hier in der Straße gesehen.«

»Wie spät war es da?«

»Oh, da muss ich nachdenken ... ich hatte mir glaube ich gerade einen Kaffee gemacht. Und das mache ich immer nach dem Essen. Also dürfte es so gegen kurz nach eins gewesen sein.«

Frahn stand kurz vor einer Explosion. »Und warum um alles in der Welt sagen Sie uns das erst jetzt?«

»Ich weiß nicht, es muss mir wohl entfallen sein.«

»Haben Sie das Kennzeichen gesehen?«

Münkel schüttelte mit dem Kopf. »Nein, tut mir leid. Aber ich habe gesehen, dass ein Mann hinter dem Steuer saß. Und er war alleine.«

»Wir müssen Sie bitten, Ihre Aussage in der Dienststelle zu Protokoll zu geben. Und am besten, Sie lassen dann auch gleich Ihre Fingerabdrücke da, für alle Fälle.«

»Überhaupt kein Problem«, sagte Münkel. »Ich komme gleich morgen früh bei Ihnen vorbei. Ich will helfen, wo ich kann.«

Frahn und Evelyn verabschiedeten sich.

»Irgendwas an dem Mann gefällt mir nicht«, sagte Frahn, als sie im Wagen saßen.

»Ich weiß, was du meinst«, bestätigte Evelyn. »Doch beweisen können wir ihm nichts.«

»Noch nicht«, korrigierte Frahn und ließ den Wagen an.

Die Leere

Doro, die zu Beginn der Ermittlungen noch Hoffnung gehabt hatte, lag seit über einer Woche durch Medikamente betäubt im Bett und starrte nur noch an die Decke. Alles, was die Beamten versucht hatten, um Noah zu finden, lief ins Leere. Schließlich war der Fokus auf Bernd Münkel gefallen, dessen Aussage, er habe ein schwarzes fremdes Auto an dem bewussten Vormittag in der Straße gesehen, sich durch nichts untermauern ließ.

Immer wieder hatte Doro Kommissar Frahn beschworen, doch endlich eine Hausdurchsuchung bei Münkel vorzunehmen. Ob sie denn alle blind wären für das Offensichtliche. Er war der Einzige, der überhaupt in Frage kam. Vielleicht läge Noah in seinem Keller auf dem nackten kalten Fußboden.

Frahn hörte ihr geduldig zu und ab und an sagte sein Blick, dass er in eine ähnliche Richtung dachte. »Doch ohne handfeste Beweise sind mir die Hände gebunden«, bedauerte er mehr als einmal. Das Haus von Münkel könne nicht einfach auf einen bloßen Verdacht hin auseinandergenommen werden. Und auch, als Doro anführte, dass er doch nur aus dem Grunde so hilfreich

43

gewesen sei, damit er aus dem Kreis der Verdächtigen ausschied, half es nicht weiter.

Noah blieb wie vom Erdboden verschwunden. Und diese Tatsache hatte auch Doro aus dem Kreis der Lebenden verschluckt. Sie wollte einfach nicht mehr da sein.

»Liebling, es kann doch so nicht weitergehen«, sagte Steffen, der sich zu ihr auf die Bettkante gesetzt hatte und ihre Hand hielt. Er hatte sich für kurze Zeit beurlauben lassen, doch so langsam musste er wieder zur Arbeit gehen, wenn er den Job, der sie alle ernährte, nicht verlieren wollte. »Du solltest aufstehen und mit mir frühstücken.«

»Ich kann nicht«, sagte Doro matt.

»Doch, du kannst es«, blieb Steffen beharrlich. »Wir dürfen die Hoffnung nicht aufgeben, dass Noah zu uns zurückkommt. Damit würden wir ihn verraten. Bitte, verstehe mich jetzt nicht falsch, ich kann nachvollziehen, wie du dich fühlst. Aber wir müssen stark sein für ihn.«

Er hörte, wie Doro schniefte. »Was soll ich denn machen, deiner Meinung nach? Soll ich einfach so weitermachen, als wäre nichts geschehen? Kochen, den Abwasch machen, einkaufen. Einfach so tun, als hätte es Noah nie gegeben?« Sie setzte sich halb im Bett auf und schnäuzte sich.

»Niemals werden wir so tun, als hätte es unseren Sohn nie gegeben«, sagte Steffen mit bebender Stimme. »Er fehlt mir genauso wie dir. Und wenn er zu uns zurückkommt, dann soll er zwei Menschen finden, die stark sind. Die ihm helfen, sich wieder in der Welt zurechtzufinden, egal, was mit ihm passiert ist.«

Doro erschrak bei dem, was ihr Mann sagte. Sie selbst quälte sich Tag und Nacht mit den schlimmsten Vorstellungen von dem, was Noah jetzt wohl gerade durchmachen musste. Dass Steffen es jetzt offen aussprach, machte sie in gewisser Weise wütend, während sie sich sonst nur schwach und hilflos gefühlt hatte, hier alleine im Bett. Und sie wollte nicht mehr alleine sein.

»Du hast recht«, sagte sie tapfer, »wir sollten stark sein für Noah.«

»So gefällst du mir schon besser«, sagte Steffen und half ihr aus dem Bett heraus. Sie nahmen sich kurz in die Arme, dann ging sie ins Bad, während er die Vorhänge aufzog und ein Fenster öffnete.

Unten in der Küche hatte er bereits einen Kaffee gekocht, als Doro dazukam. Sie hatte geduscht und sich in einen Bademantel gehüllt.

»Setz dich«, sagte er und schob ihr einen Becher rüber. »Möchtest du auch einen Toast essen? Ich hätte Käse oder

Marmelade im Angebot.« Es machte ihm Sorge, dass Doro drastisch abgenommen hatte.

»Ja, Toast klingt gut«, sagte sie, »ich nehme Marmelade.«

Er schmierte es ihr mit Butter.

»Hier«, sagte er dann, und reichte es ihr.

»Ich bin so froh, dass wir zusammenhalten«, sagte Doro, »es gibt viele Paare, die sich in solchen Situationen gegenseitig die Schuld geben.«

»Das würde ich niemals tun, das weißt du auch. Es ist nicht unsere Schuld. Es ist die Schuld eines skrupellosen Verbrechers.«

»Du meinst Münkel?«

Er zog die Schultern hoch. »Das weiß ich nicht …«.

»Aber du glaubst es auch, habe ich recht?«

»Doro«, sagte er liebevoll, »wir wissen es nicht. Und die Polizei sagt, dass sie nichts machen können.«

»Richtig«, sagte Doro mit fester Stimme, »die Polizei kann nichts machen. Wir aber schon.«

Auch wenn Steffen natürlich gehofft hatte, dass es Doro besser ging, so langsam machte es ihm Angst, mit welcher Härte sie jetzt sprach.

»Was hast du vor?«, fragte er, »willst du etwa in Münkels Haus einbrechen?«

»Warum denn nicht«, sagte sie und biss in den Toast.

»Damit erreichst du nur, dass wir am Ende ins Gefängnis müssen, und das weißt du auch.«

Resigniert ließ Doro das Brot sinken. »Ich weiß«, sagte sie leise. »Doch irgendetwas müssen wir doch tun, oder?«

»Ja, das müssen wir«, bestätigte Steffen, obwohl er nicht die geringste Ahnung hatte, was es sein könnte.

»Ich weiß, dass du morgen allmählich wieder zur Arbeit gehen musst«, sagte Doro. »Es ist in Ordnung, ich komme hier auch alleine zurecht.«

Daran allerdings hatte Steffen so seine Zweifel bei der Wandlung, die Doro in den letzten zwei Stunden vollzogen hatte.

»Bist du sicher?«, fragte er. »Ich meine, ein paar Tage sind sicher noch drin, wenn ich es mal versuche.«

»Was sollte das bringen?«, fragte sie, »wir schieben das Ganze dann nur auf.«

Doro hatte keine Eltern mehr und auch sonst niemanden, den er fragen könnte, zu ihnen zu kommen für kurze Zeit. Und seine Verwandten mochte sie nicht. Sie würde es niemals ertragen, wenn er jetzt den unsäglichen Vorschlag machte, dass doch seine Mutter oder auch seine Schwester für ein paar Tage kommen könnten. Also blieb er lieber still. Die wenigen Telefonate und Besuche, kurz, nachdem Noah verschwunden war, hatten völlig ausgereicht.

»Also gut«, sagte er, »dann werde ich morgen wieder zur Arbeit gehen. Ich werde gleich im Betrieb anrufen, damit man Bescheid weiß.«

Sie nickte.

»Und was wirst du den ganzen Tag machen?«, fragte er vorsichtig. »Meinst du nicht, dass dir hier alleine die Decke auf den Kopf fallen wird?«

»Vielleicht«, sagte sie und griff nach seiner Hand, »aber ich werde damit klarkommen, versprochen. Du musst dir keine Sorgen machen.«

Die Anwältin

Paula hat Post

Paula saß gelangweilt an ihrem Rechner und sah nach
draußen. Manchmal, da hätte sie sich gewünscht, sie wäre
nicht allein. Könnte mit jemandem reden, der ihr vertraut
war. Dem sie vertraute. Die selbst gewählte Einsamkeit
hatte auch ihre schweren Tage, ganz gewiss.

Auf einen Chat mit irgendwelchen Leuten, von denen
sie nicht einmal wusste, wer eigentlich hinter den
Pseudonymen steckte, hatte sie heute keine Lust.
Vielleicht, dachte sie, war es mal wieder an der Zeit,
auszubrechen. Denn das tat sie hin und wieder. Dann
setzte sie sich in ihren Wagen und fuhr einfach
irgendwohin. Die Richtung war völlig egal. Stundenlang
hing sie dann auf der Autobahn ohne eigentliches Ziel.
Spontan fuhr sie ab, parkte ihren Wagen an dem nächsten
belebten Ort und ging in Kneipen, Diskotheken oder Bars.
Das war Paulas Art geworden, mit realen Menschen in
Kontakt zu treten. Und der durfte nicht zu weit gehen.
Doch manchmal hatte sie es einfach nicht mehr in der
Hand, wenn sie den dritten oder vierten Whisky getrunken
hatte. Wenn sie es sich erlaubte, unbeschwert zu sein.
Dann konnte es schon einmal passieren, dass ihr ein Mann

gefiel. Dass sie sich als Frau fühlte und nicht als traurige Hülle. Doch bis zum Letzten kam es nie. Immer, wenn der Mann, der sich seit Stunden um sie bemüht hatte, glaubte, nun bald endlich ans Ziel zu kommen, dann riss Paula aus. Verschwand in der Damentoilette und damit auf Nimmerwiedersehen. Sie wusste, dass es den Männern gegenüber unfair war. Aber war es fair gewesen, ihr den Sohn zu nehmen?

Sie malte kleine Kästchen auf einen Schmierzettel und wäre fast so weit gewesen, den Rechner zuzuklappen, als ein kleines Briefchen aufblinkte und ihr einen Posteingang signalisierte. Die Technik nahm ihr die Entscheidung ab, dachte sie. Irgendjemand hatte eine Anfrage an ihre angebliche Kanzlei gestellt und sie öffnete sie und las.

»Ich brauche Ihre Hilfe. Es handelt sich um eine sehr persönliche Sache und ich bin verzweifelt. Ich bin im Begriff, etwas zu tun, was wahrscheinlich illegal sein dürfte. Deswegen brauche ich Ihren Rat.

Es geht um meinen Sohn Noah. Er ist vor einigen Monaten spurlos verschwunden ...«

An dieser Stelle gefror das Blut in Paulas Adern. Nein, das wollte sie jetzt wirklich nicht weiterlesen. Nicht an diesem Abend und auch an keinem anderen. Ihr rechte Zeigefinger steuerte mit der Maus auf das Löschsymbol. Einfach so tun, als hätte sie es nie gelesen. Das wäre eine

Möglichkeit. Sie schluckte. Sie stellte sich vor, dass diese Nachricht von einer Frau kam, ein Mann würde so etwas niemals machen. Ein Mann nahm eine Waffe und rächte sich. Der fragte nicht vorher um anwaltlichen Rat. Nein, es musste eine Nachricht einer Frau sein. Also eine Art Leidensgenossin. Würde sie es übers Herz bringen, diese Frau im Stich zu lassen? Sie litt genauso wie sie. Ihr Kind war weg. Und irgendwie machte es Paula jetzt sogar neugierig darauf, was geschehen war. Denn plötzlich keimte in ihr die vage Hoffnung, dass Kinder auch zurückkehren könnten, wenn man nur die nötige Unterstützung erhielt. In diesem Fall konnte sie selber vielleicht helfen. Und vielleicht würde es so etwas wie eine höhere Macht geben, die sie dann für ihre gute Tat belohnte und ihr Philipp zurückbrachte. Ich werde verrückt, dachte sie. Dann beschloss sie, auch wenn es schwer für sie war, weiterzulesen.

»Es geht um meinen Sohn Noah. Er ist vor einigen Wochen spurlos verschwunden und ich denke, dass es ein Nachbar ein paar Häuser weiter gewesen ist, der ihn entführt hat und in seinem Haus gefangen hält. Die Polizei unternimmt nichts, weil sie keine handfesten Beweise gegen ihn haben. Aber ich kann nicht mehr mit dem Gedanken leben, dass Noah dort vielleicht im kalten Keller gefangen gehalten wird. Ich brauche Ihre Hilfe. Welche

Konsequenzen erwarten mich, wenn ich in das Haus eindringe? Ja, was erwartet mich, wenn ich den Mann töte, wenn ich meinen Sohn dort finde? Es ist nicht so, dass ich es möchte. Aber eines weiß ich ganz genau, ich möchte meinen Sohn zurückhaben, denn sonst hat mein Leben einfach keinen Sinn mehr.

Hochachtungsvoll

Doro, eine Mutter mit gebrochenem Herzen«

Unbemerkt liefen Paula Tränen übers Gesicht, die sie mechanisch wegwischte. Diese Nachricht, sie hätte auch von ihr stammen können. Es war eine Frau, der es genauso ging wie ihr. Und sie hatte sogar noch einen großen Vorteil, weil sie wenigstens einen Verdacht hegte gegen einen möglichen Entführer. Das hatte Paula damals nicht gehabt. Aber was um Himmels willen sollte sie auf so eine Nachricht antworten? Die Frau fragte um Rat zu möglichen Konsequenzen, wenn sie jemanden ermordete. Im Grunde genommen hätte Paula diese Nachricht sofort an die Polizei übergeben müssen. Sie war Anwältin und nun auf dem besten Wege, zur Mittäterin zu werden, wenn sie diesen Hinweis auf ein mögliches Verbrechen ignorierte, nein, mehr sogar, wenn sie es in Kauf nahm, dass ein Mord geschah, den sie hätte verhindern können. Warum sollte es denn stimmen, was diese Doro da schrieb? Vielleicht war sie so gestört durch den Verlust ihres Sohnes, dass jeder für sie als Täter infrage kam. Dieser Verdacht, er konnte nur aus einem Hirngespinst heraus entstanden sein.

Sie musste nachdenken und holte sich ein Glas Rotwein aus der Küche. Auf dem Weg zurück in ihr Arbeitszimmer warf sie einen Blick ins Katzenzimmer. Noch lagen die Fünf eng aneinander gekuschelt und schliefen, bevor sie sich auf den Weg machten, um durch die Nacht zu streifen. Vielleicht hätte ich doch einfach in den Wagen steigen sollen, dachte Paula. Ich hätte es wie meine Katzen machen sollen, dann müsste ich mich jetzt nicht mit den Problemen dieser Frau beschäftigen. Irgendwie ärgerte es sie, dass sie die Nachricht überhaupt gelesen hatte. Es ärgerte sie, dass diese Frau sie ihr überhaupt geschickt hatte. Doch das konnte sie natürlich nicht wissen. Sie suchte Hilfe in einer ausweglosen Situation.

Paula saß jetzt wieder am Schreibtisch und drehte mit der linken Hand das Glas zwischen ihren Fingern hin und her, während sie die Nachricht noch einmal las. Langsam und Satz für Satz. Sie suchte etwas zwischen den Zeilen. Einen Hinweis, der sie darin bestätigen könnte, dass sie es mit einer Verrückten zu tun hatte. Jemandem, der aus Langeweile irgendwelche Sachen machte im Netz, wo man anonym sein und sich gehen lassen konnte. Sie sah sich die

Absenderadresse der Mail an: *doro@gmail.com*. Es war kein großes Kunststück, sich dort anzumelden. Doch das, was diese Frau schrieb, war einfach zu real. Wer dachte sich so etwas aus, wenn es gar nicht stimmte? Niemand würde auf die Idee kommen, so seine Scherze mit anderen zu treiben, entschied Paula und drückte auf Antworten.

Aber was um alles in der Welt sollte sie Doro schreiben?

Das Glas Wein war leer und Paula hatte bis auf eine Begrüßungsformel nichts weiter in die Tastatur eingegeben. Sie ging erneut in die Küche und holte sich den restlichen Wein. Das würde ihr beim Nachdenken helfen. Und dann, als sie wieder am Schreibtisch saß, da zog sie die rechte oberste Schublade auf. Ein Bild von Philipp, wie er auf seinem roten Dreirad saß. Ein anderes, als er seine Geschenke an seinem vierten Geburtstag am Küchentisch auspackte. Die ganze Schublade lag voll mit Bildern von ihm. Sie ertrug es nicht mehr, wenn sie irgendwo standen oder an der Wand hingen. Und manchmal, da öffnete sie die Schublade, um anschließend mit einem unendlichen Gefühl der Einsamkeit in ihr Bett zu gehen. Doch heute war es irgendwie anders. Konnte es wirklich sein, dass diese Frau, die sich Doro nannte, ihr ein wenig Kraft oder vielleicht sogar Hoffnung gegeben hatte, indem sie ihre Gefühle offenbarte? Einem wildfremden

Menschen aus Verzweiflung schrieb und um Hilfe bat? War es wirklich so leicht, sich wieder menschlich zu fühlen?

Sie sah noch eine Weile auf die Fotos und schob die Schublade wieder zu. Sie rannte nicht wie sonst augenblicklich in ihr Zimmer und zog die Decke über ihren Kopf. Nein, sie war jetzt bereit, Doro zu antworten.

Sie löschte die übliche Begrüßungsfloskel und schrieb:

Doro, es fällt mir auf der einen Seite schwer, Ihnen zu antworten, weil die Dinge, die Sie schreiben sich natürlich nicht mit den üblichen Gesetzen in Einklang bringen lassen. Jeglichen Rat von mir in dieser Richtung wird es nicht geben. Nicht geben können.

Aber lassen Sie mich eines sagen, und das meine ich wirklich ernst. Wenn Sie es da draußen mit Ihrem Schicksal irgendwo wirklich geben sollte, dann seien Sie gewiss, Sie sind nicht alleine auf der Welt. Und Sie können Hilfe erhalten. Es gibt Gruppen von Menschen, die Ähnliches durchleiden wie Sie. Denen könnten Sie sich anschließen, bevor Sie die vielleicht größte Dummheit in Ihrem Leben begehen. Denken Sie bitte darüber nach und vertrauen Sie der Polizei.

Paula schenkte sich noch einmal Rotwein nach und las, was sie geschrieben hatte. »Bullshit«, sagte sie laut. »So ein gottverdammter Bullshit, Paula Fenders. Das glaubst du doch selbst nicht, was du da geschrieben hast.«

Sie markierte den Text und drückte auf Delete. Sie starrte auf das weiße Feld auf dem Bildschirm. Ihr Blick wanderte wieder in Richtung Schublade. Und plötzlich wusste sie, dass sie dieser Frau helfen musste. Denn letztlich war es auch ihr egal, was mit ihr geschah. Sie würde auch alles dafür tun, um Philipp wiederzubekommen. Alles. Und sie hatte nicht das Recht, dieser verzweifelten Mutter vorzuschreiben, was sie zu tun hatte. Das stand ihr einfach nicht zu. Also schrieb sie eine erneute Nachricht.

Doro, wenn ich Ihnen einen juristischen Rat geben soll, dann können Sie sich die Frage bestimmt schon selbst beantworten. Es ist nicht erlaubt, in fremde Häuser einzubrechen. Und es ist auch nicht erlaubt, andere Menschen zu töten. Dafür brauchen Sie meine Hilfe nicht, und das wissen Sie auch.

Wenn Sie aber jemanden brauchen, der Ihnen zuhört, der Ihnen praktisch heimlich dabei über die Schulter schaut, während Sie sich auf den Weg in die Grauzone begeben, wo man irgendwann ganz alleine ist, dann können Sie auf mich zählen. Und ich denke, alleine fühlen Sie sich jetzt bereits. Egal, was Sie in Zukunft machen, es wird illegal sein. Vertrauen Sie auf Ihr Bauchgefühl, es weiß am besten, was richtig und was falsch ist.

Bevor Paula die Nachricht abschickte, las sie diese wieder und wieder. Ich vergebe die Lizenz zum Töten, dachte sie. Ermuntere ich Doro sogar dazu, Selbstjustiz zu üben? Ist es am Ende meine Schuld, wenn ein Mann stirbt? Und wenn er unschuldig ist, wie werde ich damit umgehen können? Doch sie wusste auch, dass man, egal was passierte, diese Nachricht niemals bis zu ihr würde zurückverfolgen können. Dafür hatte sie ihre Spuren im Netz viel zu sehr verwischt. Also drückte sie auf Senden, machte anschließend das Licht aus und ging ins Bett.

Die Anwältin

Wieder im Leben

Steffen kannte nicht den Grund für Doros Wandlung, doch natürlich tat es beiden gut, dass sie den Alltag meisterte und sogar wieder kochte und langsam zunahm. Anfangs hatte er geglaubt, sie nehme irgendetwas ein und hatte in ihren Sachen gewühlt. Dafür schämte er sich. Doch im Grunde rechtfertigte er diesen Vertrauensbruch damit, dass er sich ja nur Sorgen machte.

Neuerdings ging Doro sogar wieder einkaufen, unter Menschen. Dafür fuhr sie allerdings, wie sie ihm gestand, in den übernächsten Ort, weil sie nicht von jedem auf ihr Schicksal angesprochen werden wollte. Und sei es auch nur, dass man sie mit mitleidigen Blicken abtastete.

»Es geht mir besser«, sagte sie manchmal, wenn er fragte, wie ihr Tag gewesen sei. Er wagte nicht, nach dem Warum, zu fragen. Und wenn sie den herben Schicksalsschlag für eine Weile verdrängen konnte, dann musste es ja nicht gleich in einem psychischen Problem eskalieren.

Doro wusste, dass Steffen sich wunderte. Manchmal sah er sie so merkwürdig an, wenn er glaubte, dass sie es nicht spürte. Sie wusste auch, dass er in ihren Sachen wühlte, deshalb musste sie vorsichtig sein.

Nach der Mail aus diesem Anwaltsforum ging es ihr wirklich viel besser. Sie hatte etwas, an das sie sich klammern konnte. Sie wusste nur noch nicht genau, wie sie ihren Plan auch in die Tat umsetzen sollte.

Nachts war Steffen immer an ihrer Seite. Und tagsüber lief sie Gefahr, dass jemand sie beobachtete, wenn sie um Münkels Haus herumschlich.

Doch alleine der Gedanke, dass es jemanden gab, der auf unsichtbare Weise mit ihr verbunden war und sie indirekt in ihrem Plan bestätigt hatte, ließ sie aufatmen. Und irgendwie hatte sie das Gefühl, dass es eine Frau war, die ihr geantwortet hatte.

Sie hatte die Nachricht geschrieben, nachdem sie stundenlang geweint hatte. Steffen war nicht da, weil er wieder arbeitete und sie hatte getrunken gehabt. Am helllichten Tag. Und dann hatte sie sich an ihren Laptop gesetzt. Warum, das wusste sie eigentlich gar nicht. Sie wollte sich nur nicht mehr alleine fühlen. Und dann hatte sie die Fragen formuliert, die sie am meisten beschäftigten. Genau genommen, so hatte sie sich dann gesagt, waren es doch ganz einfache Fragen gewesen. Was erwartete sie im Fall der Fälle? Eine Mailadresse war schnell eingerichtet und dann stieß sie auf dieses Anwaltsforum, wo man anonym und unverbindlich Fragen stellen konnte. Genau das, was sie gesucht hatte. Unverbindlich hieß, dass derjenige, der ihre Fragen las, diese genauso gut hätte löschen können, weil es einfach zu verrückt klang. Es waren so viele Irre im Netz unterwegs. Und sie war jetzt auch wohl eine von ihnen. Sie musste sogar ein wenig schmunzeln, als sie die Nachricht dann tatsächlich abschickte. Und niemals hätte sie mit einer Antwort, die noch am selben Abend einging, gerechnet. Jetzt gab es jemanden, der ihr Geheimnis kannte und sie heimlich dabei beobachtete. Doro stellte sich eine schwarze Krähe vor, die auf ihrer Schulter saß.

Im Grunde gab es jetzt kein Zurück mehr. Sie kannte nur noch nicht das Wie.

Die Anwältin

Erik Frahn

Frahn saß alleine im Büro und kaute auf einem Kugelschreiber herum. Evelyn hatte schon Feierabend gemacht. Doch ihn zog es noch nicht nach Hause. Der Fall um den Jungen ließ ihn einfach nicht los. Von ganz oben hatte man schon den Deckel drauf gemacht und Noah in die ungeklärten Fälle eingeordnet. Frahn gelang das nicht. Er spürte, dass es noch nicht zu Ende war. Vielleicht hatten sie etwas übersehen. Doch der schwarze Wagen, von dem Münkel gesprochen hatte, er tauchte nirgends auf. Niemand sonst in der Straße hatte ihn gesehen. Und es war bei der Menge an großen schwarzen Wagen unmöglich, ohne den leisesten Hinweis durch ein Kennzeichen oder Ähnliches, genau den richtigen zu finden, der an diesem Tag, an dem Noah verschwand, durch die gleiche Straße gefahren war, wie der Junge.

Wahrscheinlich, so waren sich die anderen Kollegen einig, sei dieser Wagen von Münkel nur erfunden worden, um den Verdacht von sich selbst zu lenken.

Doro Schünemann, die Mutter des Jungen, war von der Schuld des Zeugen überzeugt. Doch ihm, Frahn, waren die Hände gebunden. Einen Durchsuchungsbeschluss würde es ohne Verdachtsmomente nicht geben. Gefahr im Verzug? Schon längst nicht mehr. Der Junge war vor Monaten verschwunden. Jeder wusste, dass die größten Chancen, ein vermisstes Kind zu finden, in den ersten vierundzwanzig Stunden lagen. Diese Chance war verpasst. Die Sache war zu Noahs Ungunsten ausgegangen.

Frahn fühlte sich immer persönlich betroffen, wenn es um Kinder ging. Noch mehr, als sonst, wenn sie einen Toten fanden oder jemand entführt worden war. Erwachsene, so seine Theorie, hatten bestimmt immer Dreck am Stecken. Im Gegensatz zu einem unschuldigen Kind.

Er hatte Münkel sogar auf eigene Faust beschattet. Eine Woche lang war er nach der Arbeit in die Nähe des Hauses gefahren und war dort bis zum Morgengrauen geblieben. Der Mann hatte sich in keiner Weise auffällig verhalten. Er stand am Fenster und beobachtete die Straße, genauso, wie er es ausgesagt hatte. Wenn die Dunkelheit einsetzte, machte er Licht und schloss die Jalousien. Offensichtlich hatte er keine Lust, sich selber im Haus bei was auch immer zusehen zu lassen. Doch so verhielten sich die meisten in der Straße. Auch das reichte nicht für einen Durchsuchungsbefehl. Er ging auch nie nach Einbruch der Dunkelheit aus dem Haus, so wie Frahn es anfangs vermutet hatte, um durch die erhellten Fenster in die

Häuser von glücklichen Familien zu sehen, um sich ein neues Opfer auszusuchen. Nein, all das tat Münkel nicht. Er blieb der Mann hinter dem Fenster, dessen einziger Lebensinhalt darin zu bestehen schien, anderen beim Leben zuzusehen.

Was Frahn ungewöhnlich fand, war, dass auch der bundesweite Aufruf mit Noahs Bild zu keinerlei Ergebnis geführt hatte. So ein Kind musste doch von irgendjemandem gesehen worden sein, wenn es verschleppt wurde. Sei es, dass er in einem Wagen saß und sich bemerkbar machte auf einer Raststätte beim Tanken. Oder an einem Fenster in einem Haus, wo man ihn gefangen hielt. Irgendwo musste Noah doch aufgefallen sein. Man sah es Kindern an, wenn sie Angst hatten. Aber niemand meldete sich. Das konnte im Grunde nur darauf hindeuten, dass er schon im Ausland war, während die Ermittlungen noch gar nicht richtig angelaufen waren. Oder aber er war schon lange tot.

Aber wer entführte ein Kind und ermordete es? Ein Pädophiler vielleicht, der sich an ihm vergangen hatte. Auch diese Spur war kalt geblieben, als sie die einschlägig in der Gegend straffällig gewordenen unter die Lupe genommen hatten. Es konnte auch sein, dass es sich um eine Entführung gehandelt hatte, um die Eltern zu erpressen und dann war alles schiefgelaufen und der Junge war ermordet worden, eher ungewollt. Aber auch dann musste seine Leiche irgendwo entsorgt worden sein. Doch es gab nicht die geringste Spur, die auch nur ansatzweise eine dieser vielen Möglichkeiten untermauert haben könnte.

Frahn gab es gegenüber seiner Kollegin nicht zu, aber was war, wenn Doro Schünemann doch recht hatte und Münkel hatte Noah entführt? Er musste ihn ja nicht zu Hause versteckt halten. Aber warum um Himmels willen verließ er dann nie das Haus? Jedenfalls nicht während der Zeit, wo er ihn observiert hatte. Münkel musste damit rechnen, dass man ihn beobachtete. Deshalb wäre ein Verlassen des Hauses am Tage viel zu riskant gewesen.

Der Kugelschreiber gab jetzt nach und brach entzwei. Zeit, nach Hause zu gehen, dachte Frahn und knipste seine Bürolampe aus.

Gewissensbisse

In den folgenden Tagen ging Paula nur mit gemischten Gefühlen an ihren PC. Und sie wusste auch, warum. Was war, wenn es wieder eine Mail von dieser Doro gab, und sie ihr mitteilte, dass sie es getan hatte?

Ein paar Klicks, dann atmete Paula auf. Es gab keine Nachricht von Doro.

Dafür aber einige Anfragen zu Rechtsberatungen in Steuerfragen. Das konnte ihr kaum das Genick brechen, dachte sie teils amüsiert und gelangweilt zugleich. Sie hasste es, sich mit Bürokratie auseinandersetzen zu müssen. Doch irgend wovon mussten sie und ihre fünf Katzen ja auch leben.

Das meiste ließ sich anhand von leichtem Fachwissen klären. Und so konnte Paula, während sie die Antworten formulierte, ihre Gedanken schweifen lassen. Heute war wieder so ein Abend, wo sie zu Abenteuern aufgelegt war. Sie wollte das Risiko.

Gegen elf Uhr hatte sie genug von Rechtsfragen und schaltete den Rechner aus. Sie ging nach oben in ihr Schlafzimmer und zog sich um. Heute würde sie mal als Vamp gehen, dachte sie und begutachtete sich im Spiegel.

65

Wenn sie ihre Haare offen trug und sich mehr Mühe gab beim Schminken, dann sah sie gut aus. Das dunkelrote schulterfreie Kleid zeigte ihre spitzen Knochen, auf die Männer so abfuhren. Einen hatten sie mal gefragt, ob er sie zu mager fände und er hatte sie nur angelächelt und mit einem Streicheln über ihre Schulter geantwortet. Die folgende Nacht hatte Paula in völliger Ekstase erlebt. Sie war ihrem Körper für einige Stunden entkommen.

Sie wusste nicht, wohin es sie heute treiben würde. Doch sie wusste, dass es wieder so eine Nacht werden könnte.

Sie ging jetzt in das andere Zimmer. Einem Raum, in den nicht einmal ihre Katzen kamen. Denn hier war alles leer. Kein Sofa, auf das sich die Tiere hätten kuscheln können. Keine Wärme. In diesem Zimmer machte Paula nie die Fensterläden auf. Es gab kein elektrisches Licht. Die Wände waren schwarz gestrichen. Der Holzfußboden wurde nur von einem dicken weichen Teppich von der Größe bedeckt, so dass sie bequem darauf im Schneidersitz Platz nehmen konnte. Wenn sie in dieses Zimmer ging, dann träumte sie sich weg von allem. Erlebte die Abenteuer, die sie sich im wahren Leben verwehrte.

Sie schloss die Tür hinter sich und ging auf den Boden. Es war kalt, so dass sie in dem leichten Kleid fror und sich eine Gänsehaut auf ihrem Rücken bildete. Sie brauchte die

Augen nicht zu schließen. Sie sah nichts und nur in ihr Inneres zurück. Die Reise durch die Nacht, sie konnte beginnen.

Eine halbe Stunde mochte vergangen sein und Paula war immer noch unruhig. Der Weg in die nächste Ebene, er wollte ihr nicht gelingen. Es war nicht das erste Mal, also machte sie sich keine großen Sorgen darüber. Sie kam, die Gelenke ganz steif, vom Boden hoch und verließ das Zimmer.

Auf dem Weg zur Treppe sah sie sich im großen Wandspiegel im Flur und blieb stehen. War das sie, die da in dem schönen Kleid so traurig aussah? Sie schlang ihre Arme um sich und ließ ihren Kopf nach vorne sinken. Nein, diese Nacht war nicht dazu gemacht, einfach zu verschwinden.

Sie ging in ihr Schlafzimmer und zog sich um. Es war noch nicht einmal Mitternacht und schlafen hätte sie jetzt nicht können. Unten sah sie ins Katzenzimmer. Alle waren schon unterwegs. Sie musste schmunzeln. Katzen hatten es gut.

Sie holte sich eine Flasche Rotwein aus der Küche und ging in ihr Büro zurück. Der Rechner schien auf sie zu warten. Auf dem Bildschirm stand »Schalten Sie den Computer nicht aus«. Es las sich in diesem Moment wie die Nachricht eines alten Freundes.

The title image shows "Die Anwältin" in a stylized font.

Die Anwältin

Am helllichten Tag

Bernd Münkel hatte sich schon am Morgen nicht wohlgefühlt. Gegen Mittag spürte er dann einen Druck im Magen, der ihn dazu zwang, sich kurz aufs Sofa zu legen. Wurde er krank? Das hätte ihn gewundert. Er lebte gesund, kam nicht viel unter Menschen und ließ hin und wieder einen Gesundheitscheck bei seinem Arzt machen, der immer bestätigte, dass alles in Ordnung war.

Doch bei seiner Frau war der Krebs auch schleichend angefangen. Gut möglich, dass es jetzt auch bei ihm soweit war. Und im Grunde genommen hätte es für ihn nur bedeutet, dass er bald wieder bei ihr sein würde. Er hatte genug gelebt. Und oft fühlte er sich einsam. Es gab niemanden, der sich nach ihm erkundigte, seitdem seine Frau gestorben war.

Sein Magen drehte sich um und er drückte mit beiden Fäusten dagegen, um den Schmerz zu vertreiben. Er schloss die Augen und atmete flach. Deshalb sah er auch nicht, dass jemand nur darauf gewartet hatte, ihn so wehrlos zu sehen.

Münkel wusste nicht, wie ihm geschah, als plötzlich jemand einen Plastiksack über seinen Kopf stülpte. Er riss die Augen auf, um etwas sehen zu können. Doch er sah nur eine schemenhafte Gestalt durch die milchige Plastikfolie. Jemand griff nach seinen Armen, riss sie nach hinten und band sie an den Handgelenken zusammen. Dann waren die Füße dran. Wie ein Käfer, den man auf den Rücken gedreht hatte, lag Münkel jetzt auf seinem Sofa und bekam kaum noch Luft. Jemand wollte ihn, den Mann, für den sich eigentlich niemand interessierte, offensichtlich ermorden. Aber warum? Er gab die Gegenwehr auf, er hatte keine Chance. Und wenn das Schicksal so ein Ende für ihn vorgesehen hatte, dann würde er auch das akzeptieren. Es wurde ihm schwarz vor Augen und er verlor das Bewusstsein.

Eine Woche später

Es war der Postbote gewesen, dem es als Erstes aufgefallen war. Eigentlich schon am zweiten Tag, als die Zeitung vom Vortag noch immer in der dafür vorgesehenen Röhre unter dem Postkasten lag. Das erkannte er daran, dass die Zeitung von heute oben reingesteckt worden war, was ihm den Einwurf des Briefes vom Finanzamt erschwerte. Münkel bekam nie viel Post. An seinem Briefkasten hatte er zudem Aufkleber angebracht, dass er keine Werbung wollte. Sozusagen war es dann wohl eher der Zufall, der dazu führte, dass man schon recht früh entdeckt hatte, dass im Haus von Bernd Münkel etwas nicht stimmte. Der Postbote, der sich hin und wieder mit Münkel unterhielt, wenn dieser im Sommer draußen vor dem Haus stand, wenn er vorbeikam, hatte also aus den zwei Zeitungen geschlossen, dass etwas nicht stimmte, war zunächst zu den direkten Nachbarn gegangen, wo man auch nicht wusste, was da nebenan los sein könnte. Also hatte der aufmerksame Beamte direkt bei der Polizei angerufen.

Kurz darauf hatten Evelyn und Frahn sämtliche Zimmer im Haus von Bernd Münkel untersucht. Sie hatten

70

Münkel nicht gefunden, was sie zunächst vermutet hatten. Münkel hatte ein Alter, in dem einen schon mal der Schlag treffen konnte. Und als alleinstehender Mann war man dann wohl auf aufmerksame Postboten angewiesen. Doch Münkel war wie vom Erdboden verschwunden und nichts wies auf einen Einbruch hin. Also blieb die einzige Schlussfolgerung, die den Ermittlern als Erstes in den Sinn kam, dass Münkel abgehauen war. Und das wiederum warf kein allzu gutes Licht auf ihn, weil der Verdacht, dass er etwas mit dem Verschwinden von Noah Schünemann zu tun haben könnte, im Raum schwebte. Als sie in der Garage nachsahen, war allerdings der Wagen von Münkel noch da. Doch das musste ja nichts heißen. Er konnte unbemerkt aufgebrochen und zur nächsten Bushaltestelle gegangen sein. Und weil er wusste, dass sich kaum jemand um das störte, was er tat, konnte er sich einen nicht unerheblichen Vorsprung verschafft haben.

Frahn hatte dementsprechend sofort eine Suchmeldung formulieren lassen und an alle Medien gegeben. Das Bild von Münkel erschien schon Stunden später auf vielen Online-Kanälen und am nächsten Tag in den Printmedien.

Jetzt, nach weiteren Tagen der Ungewissheit saß Frahn mit seiner Kollegin in der Dienststelle beim Kaffee.

»Weißt du, was ich merkwürdig finde?«, fragte er und verzog das Gesicht, als er einen Schluck trank.

»Nein«, erwiderte Evelyn, »aber ich denke, du wirst es mir gleich sagen.«

»Wieso haben sich die Eltern des vermissten Jungen noch nicht bei uns gemeldet?«

»Warum sollten sie das tun?«

»Na ja, immerhin ist der Mann, den sie verdächtigen, etwas mit dem Verschwinden zu tun zu haben, ebenfalls verschwunden. Da sollte man doch meinen, dass sie zumindest Interesse an dem Verbleib des Mannes zeigen.«

»Hm ... so gesehen hast du natürlich recht«, bestätigte Evelyn. »Aber warum tun sie es nicht?«

»Tja, wir sollten sie fragen, finde ich.«

Er schob seinen Becher zur Seite und erhob sich vom Stuhl.

Doro öffnete bereits nach dem zweiten Klingeln und Frahn stellte fest, dass sie schon wesentlich besser aussah als sonst.

»Ich weiß, warum Sie hier sind«, sagte sie und ließ die beiden ins Haus. »Es geht um Münkel, habe ich Recht?«

»Ja, in der Tat. Sie haben sicher schon davon gehört, dass er verschwunden ist.«

»Es war ja überall ... im Fernsehen und in der Zeitung.«

Doro ging in die Küche voraus und bot an Kaffee zu machen, was Frahn mit einem Nicken gerne annahm. Jeder Kaffee konnte nur besser sein als der in der Dienststelle.

»Wir wundern uns ein wenig, warum Sie sich nicht bei uns gemeldet haben«, sagte er, als er sich an den Kühlschrank lehnte und ihr dabei zusah, wie sie an der Kaffeemaschine herumhantierte.

»Wieso sollte ich mich melden?«, fragte Doro und sah ihm direkt ins Gesicht. »Ich habe ja nichts mit seinem Verschwinden zu tun.«

»Aber es muss Sie doch irritiert haben, als Sie hörten, dass er weg ist. Immerhin glauben Sie ja, dass er etwas mit dem Verschwinden Ihres Sohnes zu tun hat.«

Doro sah der Kaffeemaschine beim Durchlaufen zu. »Ja«, sagte sie gedehnt, »und genau das hat mir Angst gemacht. Wenn er jetzt weg ist, dann sehe ich Noah wahrscheinlich niemals wieder. Dieser Gedanke, er hat mich gelähmt, verstehen Sie?«

Frahn dachte über ihre Antwort nach.

»Ich bin ja auch nicht die Polizei, ich kann ja nicht nach ihm suchen«, fuhr Doro fort, als er nichts erwiderte. »Mir geht es nur um meinen Sohn.«

»Da haben Sie sicher recht«, bestätigte Frahn und setzte sich an den Tisch, wo Evelyn bereits Platz genommen hatte und die Szene, die sich da an der Anrichte abspielte, in sich aufnahm.

»Sie erwarten jetzt hoffentlich nicht, dass ich mir Sorgen um Herrn Münkel mache?«, fragte Doro.

»Indirekt vielleicht«, antwortete Frahn, »aus eben besagten Gründen.«

»Vielleicht ist er ja einfach nur verreist«, meinte Doro. »Haben Sie darüber schon mal nachgedacht?«

»Oh, wir denken über vieles nach. Doch dagegen spricht einiges«, fuhr Frahn fort. »Wie wir von Nachbarn erfahren haben, verreiste Herr Münkel nie. Er machte nicht mal Tagesausflüge.«

»Vielleicht wurde ihm alles zu viel«, sagte Doro, »das kann doch sein.«

»Sicher, das könnte sein. Aber er war nicht der Typ, der dann nicht vorher die Zeitung abbestellt hätte, das meinten zumindest die direkten Nachbarn, die hin und wieder Kontakt zu ihm hatten.«

»Oh, nun, so gut kenne ich den Mann nicht. Und offen gesagt ist mir das auch lieber.«

Frahn fand, dass Doro ziemlich kratzbürstig reagierte. Eigentlich hätte er wirklich anderes erwartet.

»Wie geht es Ihnen damit, es zu wissen?«, fragte Evelyn.

Doro zog die Brauen hoch. »Was zu wissen?«

»Nun, dass der vermeintliche Entführer Ihres Sohnes, für den Sie ihn ja halten, nicht mehr da ist.«

»Haben Sie meinen Sohn denn in seinem Haus gefunden?«, fragte Doro zurück.

»Nein, das haben wir leider nicht.«

»Sehen Sie. Sonst wären Sie doch schon viel eher hierher gekommen. Denn Noah ist das Einzige, was mich interessiert. Der Münkel kann von mir aus irgendwo in der Gosse liegen und verrecken.« Sie sagte es, ohne aufgeregt zu klingen. Als habe sie erzählt, was sie am nächsten Tag kochen würde.

»Ich muss Ihnen jetzt diese Frage stellen«, sagte Frahn, »haben Sie etwas mit dem Verschwinden von Bernd Münkel zu tun?«

Sie sah ihn aus großen dunklen Augen an, die ins Leere zu sehen schienen. Dann schüttelte sie den Kopf. »Nein, das habe ich nicht.«

»Wir werden Ihre Fingerabdrücke brauchen, um sie mit denen in der Wohnung von Herrn Münkel abzugleichen«, sagte Evelyn.

»Sicher. Ich werde in die Dienststelle kommen«, erwiderte Doro gelassen. »Aber ich kann Ihnen jetzt schon sagen, dass sie meine Fingerabdrücke dort nicht finden werden.«

»Es gehört zur Routine dazu«, sagte Frahn. »Und die von Ihrem Mann benötigen wir natürlich auch.«

»Sicher. Dann kommen wir eben beide gleich morgen Vormittag zu Ihnen.«

»Das wäre sicher das Beste«, meinte Frahn, »dann können wir auch dort Ihren Mann befragen.«

Er erhob sich vom Stuhl, auf den er sich gesetzt hatte, und nickte Evelyn zu. »Ich denke, fürs Erste hätten wir dann alles. Ach, sagen Sie, könnten wir vielleicht noch einen Blick in Ihre Garage werfen?«

»Warum?«, fragte Doro. »Dürfen Sie das denn überhaupt einfach so?«

»Wie gesagt, nur Routine.«

»Von mir aus.«

Doro ging voraus und öffnete das elektrische Garagentor, damit mehr Licht hereinfiel. Frahn und Evelyn sahen sich kurz um und verabschiedeten sich dann.

»Glaubst du ihr?«, fragte Evelyn, als sie im Wagen saßen.

»Ich weiß es nicht. Sie wirkte irgendwie unterkühlt auf mich. Gerade so, als ginge sie das Ganze im Grunde genommen gar nichts an.«

»Ja, das ist mir auch aufgefallen. Man sollte doch eigentlich erwarten, dass sie völlig ausflippt, weil sie ja glaubt, dass dieser Münkel ihrem Sohn etwas angetan hat.

Irgendwie merkwürdig. Ich glaube nicht, dass ich so ruhig bleiben könnte.«

»Vielleicht haben sie und ihr Mann ja etwas mit dem Verschwinden von Münkel zu tun oder haben ihn sogar umgebracht.«

»Und was hätten sie davon?«

»Ich weiß nicht, vielleicht nur ein gutes Gefühl.«

»Das wäre ziemlich dumm. Dann würden sie am Ende vielleicht nie erfahren, was mit ihrem Sohn geschehen ist.«

»Und wenn sie ihn entführt haben und ihn jetzt traktieren, damit er redet?«

»Das würde erklären, warum sie so ruhig und gelassen geblieben ist«, meinte Frahn, der sein Handy aus der Jackentasche zog, weil er eine SMS erhalten hatte. Er verlangsamte das Tempo des Wagens, um zu lesen.

»Wichtig?«, fragte Evelyn.

»Nein«, sagte Frahn und steckte das Handy wieder weg. Er hatte eine Nachricht erhalten, die er erst einmal verdauen musste.

»Auf jeden Fall finden wir dann Spuren von den beiden, ich meine Doro und Steffen Schünemann, wenn sie in dem Haus von Münkel gewesen sind.«

»Ja ...«, sagte Frahn und fuhr zügig weiter zur Dienststelle.

Erst, als sie die weiteren Routinearbeiten erledigt hatten und Evelyn endlich gegangen war, während er noch Restarbeiten vorschob, was sie schon kannte und nicht weiter hinterfragte, nahm er sein Handy wieder in die Hand.

Er konnte es eigentlich gar nicht glauben, dass sie ihm wirklich geschrieben hatte. Nach all den Jahren. Er wusste nicht einmal, wo sie abgeblieben war. Von einem Tag auf den anderen war sie nicht mehr da gewesen. Paula. Es war so lange her und doch, er erinnerte sich genau an ihre letzte Begegnung. Er hatte in dem Fall ihres Sohnes ermittelt und eine ganz andere Frau kennen gelernt als die Anwältin, die sie davor gewesen war. Unerbittlich in der Beweisführung, wenn es um die vielen Verbrecher ging, die sie trotz im tiefsten Inneren gegenteiliger verborgener Überzeugung verteidigte und gewann. Doch das war nun einmal ihr Job. Und den machte sie verdammt gut. Und dann hatte man ihren Sohn entführt. Wie hieß er nochmal? Nils? Nein, das war es nicht. Frahn fuhr sich mit der Hand über die Stirn. Philipp. Ja, er hatte Philipp geheißen. Ähnlich wie Noah war er nicht von der Schule nach Hause gekommen. Frahn fragte sich, ob es wirklich Zufall war, dass sie sich ausgerechnet jetzt wieder bei ihm meldete, wo er einen ähnlich gelagerten Fall bearbeitete.

Wir müssen uns sehen. Mehr hatte sie in ihrer Nachricht nicht geschrieben. Das konnte alles Mögliche bedeuten. Denn schließlich hatte es auch eine flüchtige Phase gegeben, in der sie sich verdammt nahegekommen waren. Und wäre damals nicht ihr Sohn entführt worden, wer weiß. Doch er wollte sich jetzt nicht diesen Spekulationen über vergangene Gefühle hingeben. Acht Jahre waren eine verdammt lange Zeit. Und doch fühlte es sich im Moment an, als sei es gestern gewesen, dass er ihre Hand in seiner gespürt hatte. Da war er noch verheiratet gewesen, doch die Ehe hatte im Grunde nur noch auf dem Papier gestanden. Seine Frau hatte ihn zwei Jahre später verlassen und ihm das Haus und ihre beiden gemeinsamen Hunde dagelassen. Dafür war Frahn ihr bis heute dankbar. Denn an denen hing er mehr als an ihr. Er war sich nicht sicher, ob das nett von ihr gemeint gewesen war.

Er hielt das Handy noch immer in der Hand und starrte auf das Display. Natürlich musste er Paula antworten. Er machte es wie sie und schrieb nur: *Wo und wann?* und drückte auf Senden.

Die Antwort kam prompt. Sie nannte ihm die Adresse eines kleinen unscheinbaren Cafés, wo sie ihn um kurz nach Mitternacht auf dem Parkplatz erwartete.

Typisch Paula, dachte er und schmunzelte. Eine innere Aufregung stieg in ihm im Hinblick auf das bevorstehende

Treffen mit ihr hoch. Er musste vorher auf jeden Fall noch nach Hause, um die Hunde zu versorgen. Sie mussten etwas zu fressen bekommen und nach draußen. Mehr brauchten die beiden kniehohen Mischlinge, die jede schon über zehn Jahre waren, meistens auch nicht. Er war froh, dass er sie hatte, wenn er abends nach einem anstrengenden Tag nach Hause kam.

Auch jetzt begrüßten sie ihn schwanzwedelnd an der Tür und er fuhr beiden mit seinen Händen über den Kopf. Er mochte gar nicht daran denken, wenn sie einmal nicht mehr da waren. Er schloss die Tür hinter sich und die beiden trotteten zum Hintereingang. Es war das ewig gleiche Ritual und es bedeutete für Frahn, nach Hause kommen. Während die beiden durch den Garten gingen und sich hier und da ins Gras hockten, füllte er Futter und frisches Wasser in ihre Näpfe.

Gegen kurz nach dreiundzwanzig Uhr verließ er wieder das Haus, weil er auf jeden Fall vor Paula da sein wollte. Er hatte sich noch schnell unter die Dusche gestellt und frische Sachen angezogen. Was Frauen mit einem machen, hatte er gedacht, als er sich vor dem Spiegel ein gut riechendes Aftershave über die Wangen rieb.

Unterwegs war nicht viel los. Auf dem Land sahen die Menschen zu, dass sie es bis zweiundzwanzig Uhr geschafft hatten, wieder nach Hause zu kommen. In dem kleinen

Café brannte kein Licht mehr bis auf eine kleine Reklamebeleuchtung »Café Up't Land«. Es war ihm ein Rätsel, wie Paula ausgerechnet hierauf gekommen war. Früher hatte es sie immer in die Stadt gezogen. Doch Menschen konnten sich ändern.

Er parkte seinen Wagen rückwärts, so dass er sehen konnte, wenn sie kam. Um fünf nach zwölf schließlich steuerte ein Wagen auf das Café zu und stellte sich direkt vor seinen Wagen. Sie musste sich ziemlich sicher sein, dass nur er es sein konnte.

Sie machte ihre Scheinwerfer aus und wartete. Also stieg er als Erstes aus. Den Wagen, den sie jetzt fuhr, kannte er nicht. Es war ein alter V70. Früher hatte sie einen A6 gefahren. Die Hände in den Jackentaschen stand er jetzt neben seiner Fahrertür, ging dann ein paar Schritte weiter auf ihren Wagen zu, und stand auf ihrer Beifahrerseite neben dem Fenster und beugte sich herab, als diese heruntergelassen wurde.

»Steig ein«, sagte sie. Und als er ihre Stimme hörte, bekam er weiche Knie.

Im Schein der Innenbeleuchtung erhaschte er einen schnellen Blick auf sie, bevor er seine Tür wieder zuschlug. Sie war abgemagert. Sah aber nach wie vor sehr gut aus.

»Was machen wir hier?«, fragte Frahn und sah sie dabei nicht an.

Sie räusperte sich. »Du hast dich sicher gewundert, dass ich mich nach so langer Zeit bei dir gemeldet habe«, entgegnete sie, anstatt seine Frage zu beantworten.

»Ehrlich gesagt schon.« Irgendwie hätte er jetzt gerne gefragt, ob es mit dem Fall des vermissten Jungen zusammenhing, traute sich aber nicht wegen ihrer möglichen persönlichen Betroffenheit.

»Ich habe gelesen, woran du zurzeit arbeitest«, sagte sie und fuhr mit ihren beiden Händen über das große Lederrenkrad.

»Die Sache mit dem Jungen, verstehe …«.

»Ja.«

»Glaubst du, dass …«.

»Nein, das ist es nicht, weshalb ich dich hierher gebeten habe«, sagte sie schnell, bevor er den Namen von Philipp aussprechen konnte.

Gut, dachte er und atmete erleichtert aus.

»Es gibt da etwas, was ich dir sagen sollte«, fuhr sie fort. »Vielleicht hat es nichts zu bedeuten. Doch auf der anderen Seite, da könnte es schon wichtig sein.«

So zögerlich hatte er sie früher nie erlebt. Er ahnte, dass sie viel alleine war und nur noch selten direkt mit Menschen kommunizierte. Fast wirkte sie auf undefinierbare Weise scheu. Sie war nicht mehr die Paula, die er einmal gekannt hatte. Die andere an die Wand gespielt hatte, wenn sie erst einmal in Fahrt war. Nein, diese alte Paula saß jetzt nicht hier. Und er musste zugeben, dass ihm die neue Paula gefiel. So verletzlich weckte sie seine Neugier.

»Du weißt, dass ich es für mich behalten werde«, sagte er jetzt, um ihr die Sache zu erleichtern.

Sie nickte. »Es kann sein, dass ich da eine große Dummheit begangen habe«, sagte sie und sah ihn jetzt von der Seite an.

»Erzähl es mir bitte«, sagte er und sah auch in ihre Richtung. Und als er ihre dunklen Augenringe im Licht der kleinen Straßenlaterne sah, ihren entsetzlich traurigen Blick, da hätte er sie am liebsten einfach nur festgehalten und ihr gesagt, dass alles gut werden würde.

»Es gibt da doch diesen Mann, der verschwunden ist«, sagte sie, »derjenige, der als Zeuge in der Sache mit dem verschwundenen Jungen ausgesagt hat, dass er einen schwarzen Wagen gesehen hätte.«

»Ja, das stimmt«, bestätigte Frahn, der immer noch nicht verstand, worum es hier eigentlich ging. Was hatte Paula denn damit zu tun? »Aber ...«.

»Lass mich bitte aussprechen«, bat sie mit ruhiger Stimme und sah wieder geradeaus. »Es ist so, ich habe vor einigen Wochen eine Mail erhalten. In der Nachricht hat mich eine Frau um einen Rat gebeten.«

Die ganze Sache wurde für Frahn immer undurchsichtiger.

»Ich verstehe nicht ...«, sagte er.

»Das wirst du gleich«, antwortete sie. »Diese Frau, sie nannte sich Doro.«

Jetzt fiel bei ihm der Groschen.

»Was hat sie dich denn gefragt?« Sein Puls stieg an.

»Hör zu, es muss ja nicht unbedingt bedeuten, dass es die Frau ist, deren Junge entführt wurde«, sagte sie schnell. Denn auf keinen Fall wollte sie die verzweifelte Mutter durch ihren Hinweis in Gefahr bringen. Als Anwältin wusste sie genau, wie schnell eine leicht dahingeworfene Behauptung für einen anderen zum Verhängnis werden konnte, wenn sich Ermittler daran festbissen. »Ich dachte nur, weil die Mutter eben auch Doro heißt, dass es vielleicht einen Zusammenhang geben könnte.«

»Paula, ich habe dir versprochen, dass ich deine Informationen vertraulich behandeln werde. Du kennst mich, Schnellschüsse waren noch nie mein Ding. Wonach hat diese Doro, die dir geschrieben hat, denn nun gefragt?«

Paula griff zu ihm herüber und bevor er es falsch interpretieren konnte, öffnete sie das Handschuhfach und zog ein Päckchen Tabak heraus.

»Du rauchst?«, fragte er überflüssigerweise.

»Manchmal«, sagte sie und zog ein Blättchen heraus und legte mit spitzen Fingern Tabak hinein, bevor sie das Papier mit ihrer Zunge an der Klebeseite befeuchtete und mit dem Finger glattzog. »Stört es dich?«

»Nein. Du weißt ja, dass ich früher auch geraucht habe. Doch mittlerweile habe ich es geschafft, aufzuhören.«

»Wenn du dir eine drehen möchtest, nur zu ...«.

Er hatte das Gefühl, dass es ihrer Unterhaltung dienlich wäre und so zog auch er sich ein Blättchen heraus und tat es ihr gleich. Der Zigarettenanzünder war mittlerweile heiß geworden und sie hielt ihm das glühende Licht hin.

»Danke«, sagte er, sog tief ein und ließ das Beifahrerfenster ein wenig nach unten fahren.

»Also«, sagte sie, als der Qualm sich im Wagen verteilte und eine gewisse Ruhe in ihr auslöste. »Die Frau, also Doro, sie hat mich gefragt, welche Strafe sie zu erwarten hätte, wenn sie den Entführer ihres Kindes ermorden würde.«

Frahn verschluckte sich und hustete bitter aus. Dann dachte er kurz über das, was Paula eben gesagt hatte, nach.

»Wieso fragt die Mutter, wenn wir mal davon ausgehen, dass es die dieselbe Person ist, ausgerechnet dich danach? Kennt sie dich?«

»Das ist etwas komplizierter«, sagte Paula und schnippte ihre Asche nach draußen. »Sie weiß nicht, dass sie mich gefragt hat.«

»Warum nicht? Du sagtest doch eben ...«.

»Ja, ich weiß, was ich gesagt habe«, entgegnete Paula. »Doch es ist wie gesagt kompliziert. Ich beantworte die Fragen von Klienten anonym im Netz.«

Nein, dachte Frahn, das hier neben ihm war ganz bestimmt nicht mehr die Paula, die er einmal gekannt und fast geliebt hätte. Sie war geheimnisvoll und auch beängstigend zugleich.

»Du hast also nicht irgendwo eine Kanzlei, nehme ich an«, sagte er, obwohl er die Antwort längst kannte.

Sie schüttelte mit dem Kopf. »Nein, das habe ich nicht.«

»Wo wohnst du denn jetzt?«

»Das spielt im Moment doch keine Rolle.«

»Nein, natürlich nicht. Ich versuche nur, es ansatzweise zu verstehen, was du mir da erzählst.«

»Nimm es doch einfach erst einmal hin«, schlug Paula vor, die genau wusste, welches Inferno sie bei ihm ausgelöst haben musste.

»Okay, ich nehme es jetzt also hin. Eine Doro, von der wir im Moment annehmen, dass sie die Mutter des vermissten Jungen ist, hat dich um Rat oder vielleicht sogar Hilfe gebeten, für den Fall, dass sie auf die absurde Idee kommen sollte, dem Mann, den sie für den Entführer ihres Kindes hält, etwas anzutun. Richtig?«

»Ja, so könnte man es zusammenfassen.«

»Und welchen Rat hast du ihr gegeben?«, fragte er vorsichtig.

Paula schnippte jetzt den Rest ihrer Zigarette nach draußen und ließ ihr Fenster wieder hochfahren. »Ich habe ihr geraten, auf ihr Bauchgefühl zu hören.«

»Bitte? Bauchgefühl? Du bist Anwältin, Paula.«

»Das weiß ich auch.«

Frahn wusste, dass er jetzt mit Vorwürfen zurückhaltender sein sollte.

»Ich meine, ich verstehe ja, dass man immer beide Seiten einer Medaille sehen muss, das ist mir schon klar.«

»Du meinst, ich habe es getan, weil ich ein ähnliches Schicksal habe wie diese Frau?«

Er biss sich auf die Unterlippe und schwieg.

»Wahrscheinlich stimmt es sogar«, fuhr sie dann fort, »ich konnte diese Frau verstehen. Aber ich habe ihr auch gesagt, dass sie mit Konsequenzen zu rechnen haben wird. Außerdem habe ich ihr empfohlen, sich Rat in Gruppen von Menschen zu holen, die Ähnliches erlebt haben.«

So wie du es auch getan hast, dachte er zerknirscht und sagte:

»Wir waren heute bei ihr zuhause, meine Kollegin und ich.«

»Und? Was sagt sie?«

»Sie sagt, dass es ihr egal ist, was mit dem Mann passiert ist.«

»Verständlich.«

»Morgen werden sie und ihr Mann auf die Dienststelle kommen und ihre Fingerabdrücke abgeben. Wir müssen abgleichen, ob sie als Täter infrage kommen.«

»Routine, ich weiß.«

Er musste schmunzeln, weil sie die gleiche Vokabel benutzte, die er gegenüber Doro verwendet hatte.

»Was ist jetzt so komisch?«, fragte sie.

»Ach nichts …«.

»Glaubst du denn, dass sie etwas damit zu tun hat?«

Er zog die Schultern hoch. »Keine Ahnung. Aber du weißt ja selbst, dass Menschen zu allem fähig sind.«

»Ja, ich weiß.«

»Mach dir keine Vorwürfe«, lenkte er ein. »Es war Zufall, dass sie ausgerechnet an dich geraten ist …«.

»Es gibt keine Zufälle«, sagte Paula, »daran glaube ich schon lange nicht mehr.«

»Wie geht es dir denn jetzt?«, fragte er vorsichtig.

»Ich warte, dass die Tage vergehen«, sagte sie und sah ihn mit merkwürdigem Blick an. »Aber ich glaube, das ist bei dir nicht so ganz anders.«

»Wahrscheinlich hast du recht. Ich bin mittlerweile geschieden und lebe mit zwei alten Hunden alleine in meinem Haus. Da wird man sicher sonderbar.«

»Ich habe fünf Katzen.«

»Wirklich? Gleich fünf?«

»Ja, sie sind die Einzigen, die mich verstehen.«

»Wir haben wohl tatsächlich mehr gemeinsam, als wir denken«, sagte er.

»Ich muss jetzt gehen.«

Paula ergriff eindeutig die Flucht, bevor es zu eng für sie wurde.

»Wirst du dich wieder melden?«

»Du hast meine Nummer«, sagte sie und ließ den Wagen an.

Er stieg aus und sah dem schwarzen Volvo nach, dessen Rücklichter im Dunkel verschwanden.

Auf der sicheren Seite?

Steffen hatte sich diesen Tag freigenommen, damit sie gemeinsam zur Dienststelle fahren konnten, um ihre Fingerabdrücke abzugeben.

Jetzt saßen sie schweigend am Küchentisch und tranken ihren Kaffee. Auch der gestrige Abend war ungewöhnlich still gewesen im Hause Schünemann. Als die Polizei gegangen war, hatte Doro etwas gekocht und anschließend hatten sie sich einen Film angesehen.

Doro fragte sich, wie es Steffen wohl ging, doch sie wagte nicht, ihn direkt darauf anzusprechen.

»Wir sollten langsam los«, meinte er.

»Ja, du hast recht. Ich räume noch schnell ab und dann können wir fahren.«

»Die Polizei findet es sicher merkwürdig, dass der Mann verschwunden ist.«

»Denke ich auch.«

»Und offensichtlich gab es keine Spuren von Noah in dem Haus.«

»Jedenfalls hat die Polizei nichts darüber gesagt«, entgegnete Doro.

»Denkst du nicht, dass sie es uns gesagt hätten, wenn dem so wäre?«

»Vielleicht sind sie noch nicht ganz sicher.«

Doro stellte die Kaffeebecher in die Spülmaschine und ging noch einmal nach oben, um sich etwas anderes anzuziehen.

Etwa eine Stunde später kamen sie in der Dienststelle an.

Frahn zeigte ihnen den Weg zu den Kollegen, die die Fingerabdrücke nehmen würden. »Danach würde ich Sie gerne noch einmal sprechen«, sagte er und ging wieder in sein Büro.

Evelyn und er warteten auf die Daten der Spurensicherung. Noch stand die Frage im Raum, ob es in dem Haus von Münkel irgendwelche Hinweise darauf gab, dass Noah Schünemann dort gefangen gehalten worden war. Offensichtliche Hinweise wie ein Versteck im Keller oder in einem der Zimmer hatte es nicht gegeben. Nichts deutete auf ein Verbrechen hin. Bis auf die Tatsache, dass Münkel nicht mehr da war.

»Was denkst du?«, fragte Evelyn, »haben die beiden etwas damit zu tun?«

»Schwer zu sagen. Aber auf jeden Fall hätten sie ein Motiv.«

Es klopfte an die Tür. Steffen und Doro kamen herein.

»Bitte, nehmen Sie Platz«, sagte Evelyn und deutete auf zwei leere Stühle vor Frahns Schreibtisch.

»Das Ergebnis der Untersuchung werden wir gleich haben«, sagte Frahn, »heutzutage geht alles rasend schnell.«

»Schade, dass es dann bei meinem Sohn nicht funktioniert hat«, sagte Doro mit schmalen Lippen.

Frahn verstand, warum sie das sagte. »Sie haben Recht, im Gegensatz zum technischen Datenabgleich hinkt die solide Aufklärung von Verbrechen noch verdammt hinterher. Was nicht zuletzt daran liegt, dass wir oft keine konkreten Anhaltspunkte haben.«

Steffen griff nach Doros Hand, damit sie es gut sein ließ.

»War mein Sohn in dem Haus?«, fragte Doro nun.

»Das wissen wir noch nicht«, antwortete Frahn ehrlicherweise. »Aber wir arbeiten dran.«

Doro lachte kurz auf. »Sie irren sich gewaltig, wenn Sie glauben, dass wir etwas mit dem Verschwinden von dem Mann zu tun haben könnten. Wir wollten einfach immer nur, dass Sie sein Haus untersuchen.«

»Ich weiß«, sagte Frahn und sah auf die Uhr an der Wand. Lange konnte es eigentlich nicht mehr dauern. Dann, im nächsten Moment, steckte tatsächlich ein junger

Kollege den Kopf zur Tür herein und bedeutete mit einem Nicken, dass Frahn nach draußen kommen sollte.

»Ich bin gleich wieder da«, sagte Frahn und ließ Evelyn mit den beiden alleine.

»Möchten Sie etwas zu trinken? Vielleicht einen Kaffee?«, fragte Evelyn, um die Zeit zu überbrücken. Beide lehnten ab.

Als Frahn in das Büro zurückkehrte, wusste Evelyn sofort, was er gleich sagen würde. Sein Blick war finster.

»Frau Schünemann«, sagte er, als er sich wieder an seinen Platz setzte, »sind Sie jemals in dem Haus von Bernd Münkel gewesen?«

Doro zog die Stirn kraus. »Nein, Herr Kommissar«, sagte sie unsicher, »das habe ich Ihnen doch bereits gesagt.«

»Und wie erklären Sie es sich dann, dass man Ihre Fingerabdrücke dort gefunden hat?«

Doro lief kalkweiß an. »Das ... das kann nicht sein«, sie sah hilflos zu Steffen, dem sämtliche Gesichtszüge entglitten waren.

»Der Datenabgleich Ihrer Fingerabdrücke und denen, die wir im Haus sichergestellt haben, sagt aber etwas anderes aus«, meinte Frahn und ließ sie nicht aus den Augen.

»Da muss ein Irrtum vorliegen«, sagte Doro mit Verzweiflung in der Stimme. »Steffen, du weißt doch auch, dass ich niemals dort gewesen bin«, flehte sie ihn indirekt um Unterstützung an.

»Das kann wirklich nicht sein«, sagte Steffen und sah von Frahn zu Doro und wieder zurück. »Sind Sie ganz sicher?«

»Leider ja«, sagte Frahn, »die Technik macht da keine Fehler. Anders, als bei uns Menschen. Frau Schünemann, ich nehme Sie hiermit wegen des dringenden Tatverdachts, etwas mit dem Verschwinden von Bernd Münkel zu tun zu haben, vorläufig fest.«

»Nein!«, rief Doro aus, »das können Sie nicht machen. Ich habe nichts mit dem Mann zu tun. Ich war noch niemals in seinem Haus. Ich habe ihn doch überhaupt nicht gekannt.«

»Lass gut sein, Schatz«, sagte Steffen und versuchte, sie zu beruhigen. »Sag jetzt besser nichts mehr.«

»Vielleicht sollten Sie mit einem Anwalt sprechen, Herr Schünemann«, schlug Frahn vor.

»Sicher, ich kenne da jemanden ...«.

»Habe ich nicht das Recht, auf ein Telefongespräch?«, fragte Doro und alle sahen sie neugierig an.

»Ja, sicher«, antwortete Frahn, »das haben Sie natürlich.«

»Aber Schatz«, sagte Steffen, »ich regele das schon.«

»Nein, das wirst du nicht tun«, sagte Doro mit fester Stimme, damit er still war. »Und da die Technik heutzutage so ausgereift ist, wie Sie gerade sagten, Herr Kommissar, da dürfte es doch auch wohl möglich sein, dass ich eine E-Mail verschicke, oder?«

Frahn schaltete sofort und er wusste nicht, ob das gut war. Doch sie hatte recht, verbieten konnte er ihr das wohl kaum. »Sicher, das können Sie auch machen«, antwortete er deshalb und faltete die Hände auf dem Tisch. »Möchten Sie dafür einen unserer Computer benutzen?«

»Nein, dafür brauche ich meinen Laptop«, sagte sie und sah dabei zu Steffen herüber. »Holst du ihn bitte von zuhause?«

Er nickte. »Natürlich, das mache ich«, sagte er und wurde sich bewusst, dass er nicht mehr auch nur die leiseste Ahnung davon hatte, was eigentlich in seiner Frau vor sich ging.

»Dann bitte«, sagte sie.

Steffen stand auf und verließ das Büro.

»Möchten Sie noch etwas sagen?«, fragte Frahn, »ich meine, noch ist die Gelegenheit dazu.«

Doros Lippen blieben versiegelt und sie sah ihn stur an.

»Gut, dann werde ich Sie jetzt in eine Zelle bringen lassen, wo Sie auf ihren Laptop warten können.«

Die Anwältin

Paula

Sie war einfach zu aufgewühlt nach der Begegnung mit Frahn, so dass sie sich an ihren Rechner setzte, als sie in der Nacht nach Hause kam.

Das Treffen mit ihm hatte alte Wunden wieder aufgerissen. Sie hatte ihm nie die Schuld dafür gegeben, dass man Philipp nicht gefunden hatte. Und doch wollte sie ihn nicht mehr sehen, als sie sich entschieden hatte, ihr altes Leben hinter sich zu lassen.

Sie suchte regelmäßig in den Datenbanken der vermissten Kinder nach Gesichtern, die etwas mit Philipp zu tun haben konnten. Sie wusste nicht, wie er jetzt, mit fast fünfzehn Jahren aussah. Doch es konnte sein, dass er, aus welchen Gründen auch immer, dort wieder auftauchte. Und natürlich durchforstete sie sämtliche Meldungen, die mit Verbrechen an Kindern und Jugendlichen zu tun hatten. Manchmal verbrachte sie Tage damit, ein ziemlich schlecht gemachtes Foto in der Zeitung soweit aufzubereiten, bis sie erkennen konnte, dass es nicht Philipp war, den man in Frankfurt auf offener Straße mit einem Messer niedergestochen hatte. Sie wusste nicht, wo Philipp war. Also konnte er überall sein. Natürlich auch im

Ausland. Doch das würde den Rahmen sprengen. Also konzentrierte sie sich auf das, was sie auch bewältigen konnte.

Als die ersten Katzen von ihrer nächtlichen Tour zurückkehrten, wurde sie langsam müde und legte sich zu ihnen auf das Sofa im Katzenzimmer. Sie wollte jetzt nicht alleine sein.

Jay wischte mit seiner Tatze über ihr Gesicht und weckte sie wenige Stunden später. Auch Smokie, Fina, Bess und Sally schienen jetzt Hunger zu haben und so wurde es Zeit für Paula, wieder aufzustehen. Diese Routine machte ihr Spaß. Sich um Tiere zu kümmern war eine wichtige Aufgabe und es machte ihr Freude, wenn sie sah, wie zufrieden die Katzen waren. Und manchmal sahen sie auch glücklich aus, fand Paula, die wusste, dass viele Menschen das niemals verstehen würden.

Als sie alle Näpfe wieder gereinigt und kopfüber auf die Spüle im Wirtschaftsraum abgestellt hatte, ging sie nach draußen. Es würde ein herrlicher Tag werden. Die Sonne schien von einem wolkenlosen Himmel herab. Paula setzte sich auf die erste Stufe der Steintreppe und zog ein Päckchen Tabak aus ihrer hinteren Jeanstasche. Ein Kaffee wäre jetzt auch nicht schlecht, dachte sie, doch sie hatte keine Lust, jetzt schon wieder ins Haus zu gehen. Während sie rauchte, ließ sie ihren Blick über die vielen Felder, die an das Grundstück, das ihr gehörte, grenzten, schweifen. Nur flaches weites Land. Sie hatte sich nie vorstellen können, im Gebirge zu wohnen, wo es keinen Horizont gab. Wo sie immer gegen Wände starrte. Es hätte ihr die Luft zum Atmen genommen. Und wie sich das anfühlte, das wusste sie, seitdem Philipp nicht mehr da war. Auch ihm hätte es hier bestimmt gefallen. Schon als kleiner Junge kümmerte er sich um Käfer, die auf dem Rücken gelandet waren, und drehte sie wieder um, so dass sie dankbar weitermarschierten. Philipp war nie grausam gewesen, wie manch andere Kinder, die Tiere quälten. Paula hatte solche Kinder gekannt. Sie waren mit Philipp hinterm Haus im Garten gewesen und hatten auf Ameisen herumgetrampelt. Philipp hatte darüber nicht gelacht und Paula hatte ihm geraten, sich andere Freunde zu suchen, als er es ihr am Abend erzählte. Mit der Zeit war Philipp immer öfter alleine hinter dem Haus auf Expedition, wie er es nannte, gewesen. Er liebte es, das Leben der Tiere zu erforschen. Er wollte wissen, wie ihr Tagesablauf aussah.

Die Zigarette in ihrer Hand war ausgegangen. Sie flippte sie weg und entschloss sich, jetzt doch einen Kaffee zu machen.

Anschließend ging sie in ihr Büro, um zu arbeiten. Es waren noch ein paar offene Fragen ihrer Online-Mandanten zu klären.

Als sie das Mailpostfach öffnete, hielt sie inne. Doro hatte wieder geschrieben. Sie überlegte hin und her, ob sie diese Nachricht jetzt wirklich öffnen sollte. Doch sie hing schon viel zu tief drin in der Sache. Wenn sie konsequent gewesen wäre, hätte sie ihr gar nicht antworten dürfen. Und nun musste sie mit den Folgen, dass sie sich zu einer emotionalen Regung einer Fremden gegenüber hatte hinreißen lassen, leben. Außerdem konnte sie Frahn die Arbeit erleichtern, wenn Doro ihr jetzt schrieb, dass sie es tatsächlich getan hatte. Dann musste eben diese Frau mit den Konsequenzen leben. Sie würde ja nie erfahren müssen, dass Frahn und sie sich kannten.

Also öffnete sie die Nachricht und las:

Ich brauche Ihre Hilfe. Man verdächtigt mich, dem Mann etwas angetan zu haben. Doch ich war das nicht. Man hat mich festgenommen, weil man Fingerabdrücke von mir in seinem Haus gefunden hat, nachdem er verschwunden ist. Doch ich habe nichts damit zu tun. Ich schwöre es beim Leben meines Sohnes. Bitte, helfen Sie mir! Doro

Sie hatte noch die Dienststelle von Frahn hinzufügt und eine Telefonnummer hinterlassen. Jetzt sitze ich wirklich in der Klemme, dachte Paula und war kurz davor, die Mail zu löschen. Sie hatte weiß Gott genug mit sich selber zu tun. Und außerdem würde eher die Hölle zufrieren, bevor sie auch nur noch einmal einen Fuß in die Dienststelle von Frahn setzen würde. Wenn die Frau in Untersuchungshaft saß, würde sie eine Antwort auf ihre Mail überhaupt lesen können? Man erlaubte Verdächtigen einen Anruf bei ihrem Anwalt. Offensichtlich war diese Doro so schlau, sich die Genehmigung für eine Mail zu erbitten. Warum auch nicht? Schließlich lebte man im 21. Jahrhundert. Im Prinzip musste sie auch Einsicht bekommen, ob ihre Anfrage beantwortet wurde. Und das war das größte Problem. Wenn Doro sich mit ihrer Mailadresse in einem Polizeicomputer angemeldet hatte, dann wäre bei einer Antwort ihre Mailadresse dort gespeichert, auch wenn die Polizei nie herausfinden würde, wo diese verortet war. Aber alleine die Tatsache, dass sie da irgendwo auftauchte, machte Paula Angst. Es schnürte ihr die Kehle zu. Sie wollte diese Verquickungen nicht. Deshalb hatte sie ja niemandem gesagt, wo sie wohnte. Deshalb gab sie sich doch diese große Mühe, im Netz nicht auffindbar zu sein. Jetzt drohte alles aufzufliegen wegen dieser Doro. Das durfte sie auf keinen Fall zulassen.

Ihr Handy, das auf dem Tisch lag, vibrierte. Es war eine SMS von Frahn.

Sie hat dir eine Mail geschrieben. Aber sie weiß nicht, dass wir uns kennen.

Frahn schien sich wohl ziemlich sicher zu sein, dass sie die Mail bereits gelesen hatte. Sie schrieb ihm zurück und er antwortete prompt.

Ich weiß. Aber ich werde sie ignorieren.

So einfach ist das nicht. Sie braucht deine Hilfe.

Das ist nicht mein Problem.

Doch, das ist es. Du hast ihr geantwortet. Wir sollten uns treffen.

Was bildete sich Frahn eigentlich ein?, fragte Paula sich ärgerlich und legte ihr Handy weg. Der Kokon, den sie um sich herum gesponnen hatte, drohte, Risse zu bekommen. Doch wenn sie ehrlich zu sich selber war, dann hatte es auch verdammt schwere Tage draußen hier in der Einsamkeit gegeben. Jetzt wäre die Möglichkeit, wieder mit der realen Welt in Kontakt zu treten. Selbst Mark ließ immer seltener von sich hören. Sie nahm an, dass er mittlerweile wieder anderweitig verheiratet war, auch wenn er es ihr gegenüber nie erwähnt hatte, wenn er etwas mit anderen Frauen anfing. Doch vielleicht war es richtig, was er tat. Das Leben musste weitergehen. Irgendwie. Und was sprach dagegen, sich wenigstens noch einmal mit Frahn zu treffen, um ihm dann zu sagen, dass sie die Verteidigung dieser Frau auf keinen Fall übernehmen könnte. Schon alleine deshalb, weil sie befangen war durch ihr eigenes Schicksal, das dem von Doro in gewisser Weise ähnelte. Würde der Täter, der Philipp entführt hatte, jemals gefasst, sie würde ihn ohne zu zögern umbringen.

Du kannst zu mir kommen, wenn du willst. Tippte sie in ihr Handy.

Okay. Wann? Wo muss ich hin?

Wir treffen uns wieder bei dem kleinen Café heute Abend nach Einbruch der Dunkelheit.

Okay, ich werde da sein.

Sie sah förmlich, wie er die Stirn krauszog, als er ihre Nachrichten las. Er musste sie für völlig übergeschnappt halten. Doch sie wollte ihre Adresse nicht per SMS verschicken. Man wusste nie, wer Nachrichten mitlas.

Hausdurchsuchung

Steffen saß im Wohnzimmer und sah den Beamten dabei zu, wie sie jeden Schrank öffneten und alle Schubladen herauszogen. Wonach sie suchten, war ihm ein Rätsel. Glaubten sie etwa, dass Doro den Mann hier irgendwo im Haus versteckt hielt? Die Welt um ihn herum war verrückt geworden. Sein Leben war binnen kürzester Zeit wie ein Kartenhaus in sich zusammengefallen.

Anstatt nach seinem Sohn zu suchen, schnüffelten sie jetzt in ihrem Haus herum, weil sie glaubten, dass Doro eine kaltblütige Entführerin war.

Und ja, er selber hatte sich insgeheim doch auch schon gefragt, ob der Mann etwas mit der Sache zu tun hatte, gab er den Beamten gegenüber zu. Doch seine Frau war erstens weder besonders stark, noch hatte sie, da sie unter dem Verlust des Sohnes litt, überhaupt die Kraft, sich zu solchen Taten überwinden zu können. Es sei einfach lachhaft, sie jetzt der Entführung zu verdächtigen.

Er erinnerte sich an das Gespräch, das er vor einiger Zeit mit Doro geführt hatte, als sie nicht mehr aus dem Bett aufgestanden war. Er selber hatte ihr gut zugeredet und gemeint, dass sie alle Kraft aufbringen müssten, und

103

an die Rückkehr von Noah glauben. Sie mussten stark sein. Aber eine Entführung hatte er damit ganz bestimmt nicht gemeint.

Doro hatte ihm nicht gesagt, wem sie eine E-Mail geschrieben hatte, als er ihr einen Anwalt besorgen wollte. Nur, dass er ihr vertrauen sollte. Das tat er ja auch. Doch wie lange noch, das wagte er nicht, sich zu fragen. Denn wenn die Polizei tatsächlich daran festhielt, dass Doro etwas mit dem Verschwinden des Mannes zu tun hatte, was sagte das dann über ihn selber aus? War er ein Feigling, weil er es nicht getan hatte? Hielt man ihn für schwach oder gar für einen Mittäter?

Er bot den Polizisten einen Kaffee an, doch diese lehnten dankend ab. Als sie endlich gegangen waren und er alleine im Haus war, weinte er das erste Mal. Und er konnte gar nicht mehr aufhören damit. Die ganzen Monate, seitdem Noah verschwunden war, hatte er seine Tränen unterdrückt, um vor Doro stark zu sein. Wie lächerlich, dachte er und wischte sich übers Gesicht. Alles hätte anders verlaufen können, wenn er auch mal so reagiert hätte, wie es normale Menschen taten, wenn einem das Kind genommen wurde. Man weinte, brüllte und trauerte. Doch er hatte Doro im Grunde genommen mit dem Schmerz alleine gelassen, wurde ihm jetzt klar. Alles wäre anders, sie säße jetzt nicht im Gefängnis, wenn er nur ein einziges Mal zu seinen Gefühlen gestanden hätte. Denn es hatte ihm das Herz aus der Brust gerissen, als er nach Hause gekommen war und Noah nicht mehr da war. Doch da war dieser fremde Mann in seinem Haus gewesen, der seiner Frau zur Seite stand. Das hatte ihn vermutlich anders reagieren lassen, als es in dem Moment nötig gewesen wäre. Verdammt, alles hing mit diesem Mann zusammen. Und jetzt drohte er auch noch, den Rest seiner Familie zu zerstören und ihm seine Frau zu nehmen. Das durfte er nicht zulassen.

Reiß dich zusammen, befahl sich Steffen. Er musste Doro helfen. Das Erste, was er für sie tun konnte, war, diese schreckliche Zeit mit ihr gemeinsam durchzustehen. Das eigene Haus schied als Versteck aus. So dumm war sie nicht und das wusste bestimmt auch dieser Frahn, der seine Kollegen zur Hausdurchsuchung geschickt hatte. Das war eben die übliche Routine. Aber er selber, er musste größer denken. Er war jetzt, da Doro eingesperrt war, der Einzige, der die Fäden noch in der Halt hielt und die Dinge ins rechte Lot rücken konnte.

Die Anwältin

Wie zwei Diebe in der Nacht

Über eine Stunde wartete Frahn und hatte die Hoffnung eigentlich schon aufgegeben, als er endlich Paulas Volvo auf den Parkplatz fahren sah.

»Ich dachte, du kommst nicht mehr«, sagte er, als er auf ihrem Beifahrersitz Platz nahm.

»Es hätte nicht viel gefehlt«, antwortete sie und sah ihn fragend an.

»Wie?«

»Du hältst mich für verrückt, habe ich recht?«

Er schüttelte mit dem Kopf. »Nicht mehr, als mich selber auch«, antwortete er trocken. »Wollen wir jetzt hier reden oder zu dir fahren?«

»Bei mir ist es gemütlicher«, sagte sie. »Es gibt nur eine Bedingung ...«.

»Bedingung?«

»Ja. Ich bringe dich später wieder hierher zurück. Und während wir zu mir nach Hause fahren, muss ich dir leider die Augen verbinden.«

Für einen Moment glaubte er, sie würde mit ihm scherzen. Doch dann sah er ihren Blick.

»Du meinst das tatsächlich ernst«, sagte er. »Paula, wovor um Himmels willen hast du so eine Angst? Denkst du etwa, dass ich jedem, der es hören will, erzähle, wo du wohnst? Dass ich schon mit Journalisten darüber gesprochen habe, dass du der Verdächtigen, die ich heute festgenommen habe, den Tipp zur Selbstjustiz gegeben hast? Sag mal, wofür hältst du mich eigentlich?«

Sie blieb zunächst stumm, bis er fertig war. Dann sagte sie: »Es dient doch auch zu deinem eigenen Schutz. Desto weniger du über mich weißt, umso besser für dich. Sonst wärest du erpressbar.«

»Mein Gott, Paula. Wie weit hast du dich eigentlich mittlerweile von der Realität entfernt?« Er seufzte auf und verdeckte sein Gesicht mit den Händen. »Du kannst mir vertrauen, ich wiederhole mich da gerne noch einmal.«

Jetzt sah er sie wieder an. Sie wirkte zerbrechlich. So, als bedeute jeder Eingriff in ihre Privatsphäre einen Stich mitten ins Herz.

Paula griff wieder an ihm vorbei ins Handschuhfach und holte ihren Tabak heraus. Sie drehte und blies den Rauch, nachdem sie tief inhaliert hatte, durch das heruntergelassene Fenster in die Dunkelheit. Er registrierte, dass sie ihm den Tabak nicht anbot. Eine Kleinigkeit, die nicht einmal absichtlich passiert sein musste, doch es machte ihn traurig, dass sie sich wieder von ihm entfernte, nachdem sie sich gerade erst wiedergefunden hatten.

»Na gut«, sagte sie dann zu seiner Überraschung. »Du fährst hinter mir her. Aber achte bitte darauf, dass dir niemand folgt. Und wenn ich das Licht ausschalte, dann machst du das auch. Es ist dann nicht mehr weit bis zu meinem Haus und geht dann eigentlich nur noch geradeaus.«

Er ergriff diese Chance und sagte schlicht nur »Ja« und stieg aus dem Wagen und lief zu seinem.

Sie fuhren lange und irgendwann wusste Frahn, der meinte, sich in Ostfriesland eigentlich ziemlich gut auszukennen, gar nicht mehr, wo er eigentlich war. Sie fuhren über holprige Feldwege, und immer, wenn er hoffte, dass sie jetzt doch bald da sein müssen, bog Paula wieder nach links oder nach rechts ab. Wie konnte sie nur glauben, dass sie hier irgendjemand finden würde. Er musste ihr versprechen, sein Navi nicht anzuschalten, was die Sache nicht gerade einfacher machte.

Dann, mit einem Mal, gingen ihre Lichter am Wagen aus. Sofort tat er dasselbe und hielt seine Hände krampfhaft am Lenker fest, um die Richtung auf der schmalen Straße nicht zu verlieren. Es dauerte einen Moment, bis sich seine Augen an die Dunkelheit gewöhnt hatten und dann erkannte er auch wieder Umrisse von

Bäumen und der Straße. Immer weiter geradeaus, hatte Paula gesagt. Und das wiederum dauerte auch noch gute fünfzehn Minuten, in denen er jede einzelne Sekunde mitzählte.

Dann leuchtete kurz ihr Bremslicht auf. Sie waren da. Ein riesiges Gebäude stand völlig unbeleuchtet mitten in der Landschaft. So, als hätte sie es kurz vor ihrer Ankunft dorthin gezaubert. Nein, er konnte sich wirklich nicht vorstellen, wie dieses Haus hierhin gekommen sein sollte. Er sah, wie sie ausstieg, und tat es auch.

»Ganz schön groß«, sagte er, um überhaupt etwas zu sagen.

»Ich mache abends drinnen erst Licht, wenn alle Fensterläden zu sind. Gib mir deine Hand, ich führe dich, damit du nicht stolperst.«

»Ich bin kein Kind mehr«, sagte er und ging neben ihr her die schmalen Steinstufen hinauf zum Eingang, der aus einer schweren Doppeltür aus Holz bestand. »Wie um alles in der Welt hast du dieses Haus gefunden?«

»Das war Zufall«, sagte sie und öffnete die unverschlossene Tür, die sie wieder zumachte, als er drinnen hinter ihr stand. »Da vorne in dem Zimmer brennt eine Kerze, siehst du sie?«

»Sicher«, antwortete er und wunderte sich, dass sie sie brennen gelassen hatte, als sie zu ihrem Treffpunkt gefahren war.

»Dann warte dort bitte auf mich. Es ist das Katzenzimmer.«

Er fragte nicht mehr nach, was das bedeuten könnte, denn natürlich war ihm klar, dass Katzen bei ihr Anspruch auf eine eigene Suite haben würden. So war Paula. Die Paula, die er nicht mehr kannte. Hatte sie damals überhaupt ein Haustier gehabt? Nein, erinnerte er sich, dafür hatte die vielbeschäftigte Anwältin gar keine Zeit gehabt. Dass sie überhaupt verheiratet gewesen war und ein Kind hatte, erschien ihm mittlerweile rätselhaft. Die Kerze, die er gesehen hatte, stand in einem Einmachglas in sicherer Höhe auf einer Borte, so dass die Katzen nicht herankamen. Jedenfalls nicht ohne größere Anstrengungen.

Dann ging nach einer Weile ein fahles Licht im Flur an und Paula kam zu ihm. »Im Moment sind alle unterwegs«, sagte sie. »Sie gehen nachts immer auf die Pirsch.«

»So wie du«, sagte er. Immer noch stand er neben dem Sofa, auf das er nicht gewagt hatte, sich zu setzen. Was würden seine Hunde dazu sagen, wenn er zu intensiv nach Katze roch, wenn er später nach Hause kam?

»Komm, wir können jetzt in mein Büro gehen, alle Fenster sind zu.«

Er folgte ihr durch den dunklen Flur in ein eher spartanisch eingerichtetes Zimmer mit einem schweren Schreibtisch und zwei gemütlichen Ledersesseln sowie einem Bürostuhl, in dem sie sicher saß, wenn sie arbeitete.

»Wo kommen alle diese Sachen her?«, fragte er, weil er fand, dass der Stil irgendwie nicht zu ihr passte. Sie wirkte klein, als sie sich setzte, weil der Sessel sie praktisch verschlang.

»Es stand alles hier drin, ich habe sie von den Vorgängern übernommen.«

»Die müssen eine Menge Kohle gehabt haben.«

»Ja, das denke ich auch. Ich habe das Haus zu einem Spotpreis gekauft. Und das Schönste ist, es ist voll erschlossen.«

»Du meinst, in dieser abgelegenen Gegend gibt es laufendes Wasser und Strom?«

Sie nickte. »Wie du schon sagtest, sie hatten eine Menge Kohle und haben auf keinen Luxus verzichtet.«

»Meine Güte, warum habe ich nie so ein Glück«, sagte er und dachte, dass er auf keinen Fall hier leben könnte. So weit weg jeglicher Zivilisation. Was machte Paula hier den ganzen Tag so alleine? Ihm wurde klar, dass er vermutlich der erste Mensch sein musste, dem hier Einlass gewährt

111

wurde. Acht Jahre lang hatte Paula hier nur mit Katzen verbracht. Schon alleine aus dem Grunde würde er es niemandem erzählen, weil sie dann alle für verrückt halten mussten.

»Möchtest du ein Glas Rotwein?«, fragte sie.

Er nickte und sie ging in einen anderen Raum und kam mit zwei Gläsern zurück.

»Auf dich«, sagte er, »und darauf, dass wir uns wieder getroffen haben.«

»Bist du sicher, dass du darauf anstoßen möchtest?«, fragte sie mit einem Lächeln. »Du weißt ja nicht, wohin das führen kann.«

»Ich ahne es«, sagte er und die Stimmung zwischen ihnen beiden wurde gelöster. Gerne hätte er jetzt einfach hier gesessen und getrunken, bis sie müde wurden. Doch deshalb war er nicht hier, mahnte er sich. »Wir sollten über Doro Schünemann sprechen«, sagte er.

»Du hast recht«, bestätigte sie. »Du willst also, dass ich mich für diese Frau einsetze?«

»Das wäre zu viel gesagt«, entgegnete er, »ich bitte dich nur, darüber nachzudenken, sie zu vertreten.«

»Du glaubst also, dass sie unschuldig ist?«

»Du bist die Anwältin und solltest es glauben«, wich er aus.

»Ich habe auch schon Angeklagte vertreten, von denen ich wusste, dass sie schuldig sind.«

»Das ist dein Job, ich weiß. Und wenn du meine ganz persönliche Meinung hören willst, dann denke ich nicht, dass sie etwas mit dem Verschwinden dieses Mannes zu tun hat.«

»Aber sie hat mir diese Nachricht mit ihren Plänen geschickt, vergiss das nicht.«

»Das sind zwei verschiedene Dinge, ob man sich in seinen Gedanken mit etwas beschäftigt oder es auch in die Tat umsetzt. Ich traue es ihr ehrlich gesagt nicht zu, dass sie alleine in das Haus von diesem Münkel gegangen ist, ihn überwältigt hat und dann aus dem Haus schleppte. Dafür fehlt ihr die Kraft.«

»Und der Ehemann? Er könnte auch daran beteiligt gewesen sein?«

»Aber von ihm haben wir keine Fingerabdrücke gefunden.«

»Das sollte dir zu denken geben«, sagte sie. »Jeder, der so etwas macht, zieht doch Handschuhe an. Warum sollte diese Frau, wenn sie doch so einen von langer Hand gehegten Plan in die Tat umsetzt, so dumm sein, und da ohne Handschuhe reinmarschieren?« Paula wartete nicht auf eine Antwort, sondern verließ das Zimmer, um den Wein zu holen.

»Natürlich hast du recht«, bestätigte er, als sie zurückkam und nachschenkte. »Das wäre verdammt dumm. Und dumm ist sie nicht.«

»Also bleibt die Frage, wer ihre Fingerabdrücke in dem Haus deponiert hat, damit sie festgenommen wird.«

»Vermutlich nicht der Ehemann.«

»Bist du da so sicher?«

»Sicher bin ich erst, wenn ich etwas bewiesen habe«, entgegnete Frahn. »Aber warum sollte er so etwas tun?«

»Was weiß ich. Vielleicht gibt er ihr die Schuld am Verschwinden des Sohnes und sah so die Chance, ihr eins auszuwischen.«

Frahn schüttelte mit dem Kopf. »Nein, ausgeschlossen. Dafür war er viel zu entsetzt, als ich den beiden offenbarte, dass man ihre Fingerabdrücke in Münkels Haus gefunden hatte. Er wusste davon nichts, da bin ich sicher.«

»Und wenn er sie loswerden wollte, dann hätte er sie auch einfach verlassen können«, stimmte Paula zu.

»Also wirst du sie vertreten?«

»Ich denke darüber nach«, sagte Paula gedehnt. Denn es würde bedeuten, dass sie ihre Isolation wirklich gänzlich aufgeben musste. War sie dazu bereit?

»Vielleicht sollte ich jetzt gehen«, sagte Frahn, der spürte, dass sie Zeit für sich brauchte, um über alles nachzudenken. »Ich muss noch eine Ewigkeit fahren und meine Hunde warten auf mich.«

»Du könntest sie das nächste Mal mitbringen«, schlug Paula vor, was Frahn freudig für sich registrierte, da es ein nächstes Mal geben würde.

»Ich glaube nicht, dass du vorausfahren musst«, sagte er, »ich finde den Weg alleine zurück.«

»Aber du darfst die ersten zwei Kilometer kein Licht am Wagen anmachen, versprich es mir.«

»Ich verspreche es«, antwortete er. »Sag mir bitte in den nächsten Tagen Bescheid, wie du dich entschieden hast. Antworte lieber nicht auf die Mail.«

»Das hätte ich sowieso nicht getan«, sagte sie und sah seinem Wagen lange nach, bevor sie die Tür wieder schloss.

Die Anwältin

In der Zelle

Doro war völlig verzweifelt. Natürlich hätte sie alles getan, um in das Haus von Münkel zu kommen, um sich Gewissheit zu verschaffen. Es war klar, dass die Polizei von ihrer Schuld ausging. Doch sie hatte es nicht getan. Einmal, als Steffen länger arbeitete, da war sie tatsächlich kurz davor gewesen, die wenigen hundert Meter zu gehen, in das Haus einzudringen und dem Mann ein Messer zwischen die Rippen zu jagen. Sie hatte zu viel Wein getrunken gehabt und war dann schließlich auf der Couch eingeschlafen.

Sie konnte es sich deshalb einfach nicht erklären, wie ausgerechnet ihre Fingerabdrücke in das Haus gekommen sein sollten. Sie hoffte inständig, dass diese Anwaltskanzlei sich bald bei ihr meldete. Beim letzten Mailcheck, den sie unter Aufsicht durchführen durfte, war keine Nachricht dabei gewesen. Sicher, sie konnte sich auch irgendeinen anderen Anwalt nehmen. Und das würde sie wohl auch bald tun müssen, wenn sich weiterhin nichts tat.

Doch aus irgendeinem Grund hatte sie das Gefühl, dass diejenige Person, die ihr damals auf ihre, aus heutiger Sicht, verhängnisvolle Nachfrage geantwortet hatte, der einzige Mensch sein würde, der sie wirklich verstehen könnte. Nämlich, dass man sich in seiner Verzweiflung alles Mögliche ausmalen konnte, um seinen Schmerz zu lindern. Dass man sich ausmalte, demjenigen, den man für die Qualen verantwortlich machte, etwas antat, um die Wahrheit herauszufinden. Doch es war eben bei diesen Fantasien geblieben. Sie hatte es nicht getan. War nicht in dem Haus von Münkel gewesen. Und die Beweise gegen sie, die sie zu einer Lügnerin stempelten, wogen schwer.

Sie hatte gesehen, wie entsetzt Steffen gewesen war, als er hörte, dass man erdrückende Beweise gegen seine Frau hatte. Was machte er jetzt wohl gerade? Woran dachte er? Bis auf Weiteres gab es ein Besuchsverbot für ihn, um einer möglichen Komplizenschaft nicht den Raum für Absprachen zu gewähren.

Doro fühlte sich völlig isoliert. Und hier, in der einsamen Zelle mit den kahlen grauen Wänden, da blieb ihr gar nichts anderes übrig, als nachzudenken. Es fiel ihr schwer, zu schlafen auf der harten Bank mit der dünnen Matratze. Natürlich, dies war kein Luxushotel. Doch wenn man, wie sie, hier unschuldig eingesperrt war, dann wirkte es wie eine doppelte Bestrafung.

Sie hörte Stimmen auf dem Flur. Gab es jetzt etwa schon etwas zu essen? Sie hatte keinen Hunger. Meistens trank sie nur das Wasser oder den Tee und ließ den Rest wieder zurückgehen. Sie schätzte, dass sie bereits mindestens fünf Kilo abgenommen hatte.

Die Tür wurde aufgeschlossen und ein Beamter sah sie an und sagte: »Es ist Besuch für Sie da.«

Besuch? Steffen durfte doch gar nicht zu ihr. Ihr Herz schlug schneller. Ob endlich Hilfe da war? Sie fragte nicht, sondern zog ihre Schuhe über und folgte dem Beamten in den Besuchsraum. Dort saß eine Frau, die etwa in ihrem Alter war. Sehr schlank, blond und mit wachem Blick.

»Mein Name ist Paula Fenders«, sagte sie jetzt. »Ich bin Ihre Anwältin.«

Doro hatte ihre erste Überraschung verdaut und setzte sich der Frau gegenüber an den Tisch.

»Ich wusste, dass es eine Frau sein muss«, sagte sie. »Sie haben mir doch auf meine E-Mail geantwortet, oder?«

Paula nickte. »Ja, das war ich.«

»Und jetzt werden Sie mir helfen?«

»Zumindest werde ich es versuchen«, sagte Paula, die sich irgendwie fremd vorkam in der Welt, aus der sie vor über acht Jahren ausgebrochen war. Sie hatte sich die Angeklagte irgendwie anders vorgestellt, obwohl sie nicht hätte sagen können, wie. Doro Schünemann war klein, schmal und hatte dunkle schulterlange Locken. Ihren braunen Augen sah man an, dass sie viel weinte. Die Haut darum herum war leicht gerötet und wirkte rissig. Wie

118

sollte so eine Frau denn einen Mann überwältigt und aus dem Haus geschleppt haben? Wenn sie tatsächlich schuldig war, dann gab es einen Mittäter. Logischerweise wäre es dann ihr Ehemann. Doch von ihm gab es keine Spuren in Münkels Haus. Paula hatte die Protokolle der Akte ausführlich gelesen.

»Ich bin unschuldig«, sagte Doro, als sie spürte, wie die Frau ihr gegenüber sie mit den Blicken abtastete. »Natürlich hätte ich so manches gerne getan, deshalb habe ich ja auch diese Anfrage an Ihre Kanzlei geschickt. Doch man macht manche Dinge, wenn man verzweifelt ist.«

Ich weiß, dachte Paula.

»Hören Sie, Frau Schünemann ...«.

»Könnten Sie Doro zu mir sagen?«

»Das ist eigentlich nicht üblich, und außerdem kennen wir uns ja nicht persönlich.«

»Ich spüre, dass Sie mich verstehen. Bitte, nennen Sie mich Doro.«

»Na gut, Doro«, ließ Paula sich darauf ein, ohne ihr allerdings anzubieten, sie auch beim Vornamen zu nennen. Das behagte ihr in den wenigsten Fällen, wenn es um Klienten ging. Sie brauchte die Distanz, um objektiv zu bleiben. »Bitte, erzählen Sie mir von Ihrem Sohn und dem Tag, als er verschwunden ist. Denn da haben Sie ja, wenn ich es den Akten richtig entnommen habe, Bernd Münkel überhaupt das erste Mal gesehen.«

Doro schluckte. Natürlich fiel es ihr immer schwer, über Noah zu sprechen. Doch bei Paula war das irgendwie anders. Deshalb schilderte sie ihr noch einmal jedes Detail dieses schrecklichsten Tags in ihrem Leben. Hin und wieder hielt sie inne, weinte kurz und fing sich wieder.

Auch Paula fiel das ganze Szenario nicht leicht. Viel zu sehr fühlte sie sich an ihren eigenen schrecklichsten Tag in ihrem Leben erinnert, als Philipp nicht nach Hause gekommen war. War es vielleicht doch ein Fehler gewesen, hierher zu kommen? Wenn sie einer Mandantin derart nahe kam, konnte sie Fehler machen, die sich zum Nachteil für die Angeklagte wenden konnten. Und doch wusste sie, dass es richtig war, was sie hier tat. Und wenn es nur dem Zweck diente, sich selbst ein wenig abzulenken. Und ja, es war ein gutes Gefühl, wieder einen echten Fall mit echten Menschen zu haben. Das musste sie sich eingestehen.

»Danke«, sagte sie, als Doro geendet hatte.

»Glauben Sie mir?«

»Selbstverständlich, sonst wäre ich nicht hier. Man hat ihre Fingerabdrücke im Haus von Münkel auf einem Kaffeebecher gefunden, der in der Küche auf der Spüle stand. Wie erklären Sie sich das? Oder besser gesagt, wie erklären Sie mir das?« Paula lehnte sich zurück und schob eine Haarsträhne, die sich aus ihrem lose mit einem Lederband gemachten Haarknoten am Hinterkopf gelöst hatte, hinter ihr Ohr.

»Auf einem Kaffeebecher?«, wiederholte Doro, der man die Details bisher nicht mitgeteilt hatte. »Ja, glaubt die Polizei denn, dass ich mit dem Mann vorher gemütlich einen Kaffee getrunken habe, bevor ich ihn umbrachte?«

»Haben Sie?«

»Was?«

»Na, jemals einen Kaffee mit Bernd Münkel in seinem Haus getrunken?«

Doro schüttelte vehement den Kopf. »Nein, das habe ich nicht. Ich war niemals in seinem Haus. Ich kann mir nicht erklären, wie meine Fingerabdrücke auf seinen Kaffeebecher gekommen sein könnten.«

»Ehrlich gesagt finde ich das auch recht sonderbar«, bestätigte Paula. »Denn nirgends sonst gibt es Spuren von Ihnen. So ein Kaffeebecher lässt sich manipulieren. Irgendjemand könnte ihn dorthin gestellt haben, um den Verdacht auf Sie zu lenken.«

»Eben«, sagte Doro erleichtert, die spürte, dass Paula wirklich auf ihrer Seite war. Das gab ihr Auftrieb. Machte ihr Mut, auch die Zeit in der Zelle durchzustehen.

»Nehmen wir einmal an, jemand hat den Becher dort platziert, um den Verdacht auf Sie zu lenken«, meinte Paula, »wer käme dafür in Frage?«

»Ich weiß nicht. Wer soll das denn sein? Was macht das denn überhaupt für einen Sinn, mir die Schuld an etwas zu geben, was ich nicht getan habe?«

»Ich könnte mir vorstellen, dass die Polizei da sehr schnell auf Ihren Ehemann kommen könnte ...«.

»Steffen!?«, rief Doro entgeistert aus. »Warum sollte Steffen so etwas tun?«

»Beruhigen Sie sich bitte, wir müssen jede Möglichkeit durchspielen, wenn wir zu einem Ergebnis kommen wollen.«

Doro atmete tief ein und aus. »Verstehe«, sagte sie, »doch ich bleibe dabei, dass mit Steffen macht keinen Sinn.«

»Sehe ich genauso. Also weiter. Wir müssen uns fragen, wer außer Ihnen noch ein Interesse daran gehabt haben könnte, dass Münkel verschwindet. Derjenige könnte den Verdacht auf Sie lenken wollen.«

»Da bin ich wirklich überfragt«, sagte Doro matt, »ich kannte Münkel doch vor dem schrecklichen Tag gar nicht. Woher soll ich denn wissen, wer ein Interesse daran haben könnte, ihm etwas anzutun? Ist es nicht Sache der Polizei, das herauszufinden?«

»Unbedingt«, sagte Paula und stand vom Stuhl auf und lehnte sich darauf ab. »Sie arbeiten auch schon daran, doch es scheint so, als ob Münkel ziemlich zurückgezogen gelebt hat. Es gibt kaum noch Verwandte, und wenn, dann wohnen sie weit verstreut irgendwo in Deutschland. Freunde hatte er keine und auch mit den Nachbarn hat er nur hin und wieder über den Zaun kommuniziert. Da liegt es wirklich nahe, dass sein Verschwinden etwas mit Ihrem Sohn zu tun hat. Das jedenfalls glaubt die Polizei. Die einzige Erklärung, die ihnen sonst noch einfällt, ist der Mann im schwarzen Wagen, den er gesehen haben will. Aber der ist unauffindbar, da ihn sonst niemand gesehen hat und es auch keinen Hinweis auf das Kennzeichen oder die Marke gibt.«

»Aber das könnte doch auch so sein«, meinte Doro, »jetzt müssen wir den Mann im schwarzen Wagen doch nur noch finden.«

»Das ist aussichtslos«, sagte Paula, »leider gibt es bei uns keine Überwachungskameras an jeder Straßenecke. Und auf dem Land schon gar nicht.«

»Haben Sie ein Foto von dem Kaffeebecher?«, fragte Doro.

»Sicher«, entgegnete Paula und schlug den Aktendeckel auf und suchte das entsprechende Bild heraus. Dann setzte sie sich wieder und reichte es Doro.

Diese sah sich das Foto lange an. »Der gehört Noah«, sagte sie dann mit leiser Stimme. »Das ist ein Kaffeebecher aus meinem Haus.«

»Sind Sie sicher?«, fragte Paula.

»Ja, da bin ich ganz sicher. Davon gibt es nur drei Stück. Ich habe sie von einer Töpferin für Noah, Steffen und mich anfertigen lassen. Die gibt es nirgends zu kaufen. Er muss in meinem Haus gewesen sein.«

»Sie meinen Münkel?«, fragte Paula und nahm das Bild wieder an sich und starrte darauf.

»Ja sicher, wie soll Noahs Becher denn sonst in sein Haus gekommen sein?«

Paula fiel sofort eine Lösung ein, die sie kaum wagte, auszusprechen. »Es könnte ja sein, dass Noah in dem Haus von Münkel gewesen ist und den Becher mitgebracht hat«, sagte sie vorsichtig. »Wäre das vorstellbar für Sie?«

Doro schwirrte der Kopf. »Ich weiß es nicht«, sagte sie tonlos. »Ich weiß gar nichts mehr.« Dann verfiel sie in einen Weinkrampf.

Paula ging im Zimmer hin und her. Man hatte in dem Haus von Münkel keine Spuren von Noah gefunden. Nicht einmal auf dem Kaffeebecher mit Doros Fingerabdrücken. Was hatte das alles zu bedeuten? Wäre Noah in dem Haus gewesen, dann gäbe es Hinweise darauf. Es war eindeutig zu viel, was in den letzten zwei Stunden auf sie eingeprasselt war. Sie musste hier raus. Musste nach Hause und ihren Kopf freikriegen, um weiter denken zu können.

»Frau Schünemann, ich denke wir machen erst einmal Schluss für heute«, sagte sie und zog ihren blauen Blazer wieder über.

»Sie wollen gehen?«, fragte Doro und wischte sich über die Augen.

»Ja, ich muss über alles noch einmal in Ruhe nachdenken.«

»Aber Sie kommen doch wieder, oder?«

»Natürlich. Geben Sie mir ein bisschen Zeit.« Sie nahm die Akte, klemmte sie sich unter den Arm und griff nach ihrem Lederbeutel, der über der Stuhllehne hing.

Auf dem Flur nach draußen lief sie Frahn über den Weg.

»Alles Okay?«, fragte er, als sie kurz stehen blieben.

»Geht so. Wir müssen uns unterhalten.«

»Soll ich zu dir kommen?«

Sie nickte. »Aber nicht vor heute Abend.«

»Schon klar, ich komme nach Einbruch der Dunkelheit«, sagte er und sah ihr nach, als sie einfach ging. Er wusste, dass es ein großer Schritt für sie gewesen war, hier in die Dienststelle zu kommen. Aber für seinen Geschmack sah sie ein wenig zu verwirrt aus. Sie hatte sich die Mühe gespart, wie eine Anwältin auszusehen und trug ihre zerschlissene Jeans mit einem schwarzen Shirt und einer blauen Jacke. Die Haare, vermutlich nicht einmal gekämmt, hatte sie mit einem losen Band hinten am Kopf zusammengebunden. Früher, erinnerte er sich, trug sie vor Gericht immer ein schickes Kostüm in dunklen Farben. Doch die Paula von heute, sie gefiel ihm besser. Er überlegte, welchen Wein er heute Abend zu ihr mitnehmen sollte.

Das Ende?

Münkel hatte sich für seinen Lebensabend so manches Szenario ausgedacht, wenn er alleine in seinem Haus saß. Doch das, was er jetzt durchmachen musste, gehörte eindeutig nicht dazu.

Seit Tagen saß er auf einem Stuhl gefesselt und spürte seine Füße kaum noch. Jemand hatte ihn in seinem Haus überwältigt, daran konnte er sich noch gut erinnern, als er wieder zu sich kam. Dazwischen gab es eine Lücke, die nur derjenige füllen konnte, der ihm das angetan hatte.

Er wunderte sich, dass er noch lebte. Es konnte sich unmöglich um einen Erpressungsversuch handeln, denn niemand würde auch nur einen Cent dafür geben, dass er wieder nach Hause kam. Es musste also alles mit dem Jungen zusammenhängen. Eine andere Erklärung dafür würde es für die Polizei schlichtweg nicht geben.

Er wusste, dass die Mutter des Jungen ihm misstraute. Als er ihr zur Seite gestanden hatte, nachdem er sie auf der Straße aufgelesen hatte, und sie nach Hause begleitete, damit sie nicht alleine war und wer weiß was anstellte, da hatte sie ihn nicht aus den Augen gelassen. Fast apathisch war sie ihm erschienen, als sie dann endlich ihren Mann anrief, der dann kurz darauf die Polizei informierte.

Ja, das Verhalten dieser Frau, die ihr Kind vermisste, war ihm merkwürdig erschienen. Konnte sie hinter seiner Entführung stecken? Aber was um Himmels willen versprach sie sich davon? Gab sie ihm die Schuld? War sie verrückt geworden und suchte jemanden, an dem sie sich rächen konnte? Es war alles absurd, egal, wie es die Polizei auch betrachten würde.

Der Einzige, der wirklich einen klaren Kopf behalten hatte in der Sache, war Steffen Schünemann, ihr Ehemann. Münkel mochte ihn, auch wenn er ihn nur vom Sehen kannte. Ab und zu hatte der junge Mann ihm von seinem Wagen aus zugenickt, wenn er am Morgen an der Straße gestanden hatte, während er auf den Postboten wartete. Gesprochen hatte er nie mit ihm. Auch mit seiner Frau nicht. Es war komisch, da wohnte man gar nicht weit voneinander entfernt und wusste doch nichts über den anderen.

Sicher, den vermissten Jungen, Noah, ihn hatte er oft in der Mittagszeit gesehen, wenn er mit seinem roten Fahrrad von der Schule nach Hause fuhr. Es erinnerte ihn an seine eigene Kindheit und schmerzlich auch an die Tatsache, dass ihm und seiner Frau keine Kinder vergönnt waren. Sonst, ja sonst hätte dieser Junge da draußen auch sein Enkelkind sein können. Schon alleine aus dieser Vorstellung heraus mochte er Noah. Sie hatten sich sogar ein paar Mal unterhalten, als Münkel draußen am Zaun gestanden hatte. Es war die Zeit, wo Noah eigentlich vorbeikommen müsste. Und so hatte er sogar ein paar Bonbons in der Tasche.

»War es schön in der Schule?«, hatte Münkel dem Jungen zugerufen.

»Geht so«, hatte Noah geantwortet. »Ich habe eine Fünf in Deutsch bekommen.«

»Oh, das ist mir früher auch öfter passiert«, sagte Münkel, »das wird auch wieder anders.«

»Ja?«, hatte Noah gefragt und war bei ihm angehalten. Er hatte ihn angesehen, als könnte er sich kaum vorstellen, dass dieser alte Mann vor ihm jemals jung gewesen war.

Das amüsierte Münkel und er gab ihm eins von den Bonbons. Noah erzählte ihm, dass er morgens immer von seinem Vater zur Schule gebracht wurde. Und auf seinen Papa, da war er mächtig stolz, weil der so viele große Häuser baute. Als Münkel ihn nach seiner Mutter fragte, sagte Noah, dass sie eben die beste Mutter der Welt sei. Und dann fuhr er auch nach Hause, damit sie sich keine Sorgen machte.

Münkel mochte diese kleine Familie. Sie wuchs ihm mit der Zeit immer mehr ans Herz, weil sie das verkörperte, was er sich immer gewünscht hatte. Seine Frau und er, sie hatten sich mit der Situation arrangiert. Doch seitdem sie gestorben war, wurde es um Münkel herum immer einsamer. Er fühlte sich überflüssig, sein Leben hatte keinen Sinn mehr.

Und auf einmal hatte er wieder eine Aufgabe. Jedenfalls bildete er es sich ein. Morgens wartete er so lange, bis er Steffen Schünemann und seinen Sohn mit dem Wagen vorbeifahren sah. Und mittags stand er wieder am Fenster oder bei gutem Wetter auch an der Straße, um darauf zu achten, dass Noah gut nach Hause kam. Diese Zeiten waren für ihn zu einem Ritual geworden. Er wäre der Erste, der wusste, dass etwas nicht stimmte, rechtfertigte er sein Verhalten, sich in das Leben anderer derart einzumischen. Aber im Grunde machte er ja nichts. Er machte das, was man von eigentlich jedem Nachbarn erwarten konnte. Er achtete auf sie. Und irgendwann, da wagte er sich auch, bei kleineren Spaziergängen in den Abendstunden, an ihrem Haus vorbeizugehen. Wenn drinnen das Licht brannte und er sah, wie Noah am Tisch saß und malte oder etwas in ein Heft schrieb, während die Mutter am Ofen stand und das Abendbrot vorbereitete. Sie aßen meistens spät, weil Steffen viel unterwegs war und selten vor neunzehn Uhr nach Hause kam.

Einmal hatte er direkt vor dem Haus in der Einfahrt gestanden, als Steffens Wagen plötzlich vor ihm auftauchte. Er hatte so getan, als hätte er Schmerzen im Rücken, hatte die Einfahrt freigegeben und Steffen noch einmal zugewinkt, bevor er ein wenig humpelnd weiterging. Steffen winkte zurück und fuhr in seine Garage.

Was also habe ich falsch gemacht?, fragte sich Münkel. Warum bin ich hier? Wer war dieser Mann, der ihn mit Wasser und Nahrung versorgte, damit er überlebte? Genau das würde sich die Polizei irgendwann fragen, wenn sie ihn fanden. Nie sagte er etwas. Er trug einen schwarzen Overall und eine Strickmütze über dem Kopf. Unmöglich, so etwas zu erkennen. Seine Bewegungen waren mechanisch, so, als versorge er ein Tier. Während Münkel aß, wurden ihm die Fesseln an den Händen abgenommen, so dass er für einen Moment normal am Tisch sitzen konnte. Der Mann blieb so lange an der Tür stehen, bis er fertig war. Aufstehen konnte Münkel nicht, weil seine Füße trotzdem festgebunden blieben. Um seine Notdurft zu verrichten, brachte der Mann einen Eimer herein, den er unter den Stuhl stellte, der in der Mitte eine Öffnung hatte. Er band Münkel die Arme wieder auf dem Rücken zusammen, löste die Fußfesseln, zog ihm die Hose herunter und drückte ihn wieder auf den Stuhl, bis alles erledigt war. Er tat es routiniert, so, als habe er viel mit alten Menschen zu tun, die hilflos waren. Wenn Münkel wieder am Stuhl fixiert war, nahm er den Eimer und trug ihn raus. Kurz darauf war ein Rauschen zu hören, was Münkel als die Spülung einer Toilette interpretierte.

Am ersten Tag, da hatte Münkel noch gefragt, was das alles zu bedeuten hatte. Doch als der Mann nicht reagierte, gab er irgendwann auf. Dass er ihm keinen Knebel in den Mund steckte, konnte nur bedeuten, dass ihn hier sowieso niemand hören konnte. Seine Lage war aussichtslos. Eigentlich hätte er jetzt auch sterben können. Das Einzige, was ihn am Leben hielt, war die Frage, was mit Noah geschehen war oder noch geschehen würde. Das Schicksal dieses kleinen unschuldigen Jungen, es hielt ihn am Leben. Und wenn man ihn bestrafte, anstatt des Kindes, dann nahm er diese Last gerne auf sich. Denn manchmal, da hörte er Geräusche, die aus einem anderen Zimmer kommen mussten.

Die Anwältin

Paula

Als Paula wieder zuhause war, ging sie als Erstes unter die Dusche. Es war anstrengend für sie gewesen und sie brauchte jetzt ein gutes Gefühl.

Sie musste an Doro denken, als das warme Wasser über ihren Rücken lief. Sie war äußerlich das genaue Gegenteil von ihr und doch fühlte sie sich der Frau verbunden. Und das erste Mal ließ sie den Gedanken zu, dass es einen Zusammenhang zwischen dem Verschwinden der beiden Jungen, Noah und Philipp, geben könnte. Dann stellte sie das Wasser ab. Was war, wenn es eine Organisation gab, die Jungen in dem Alter entführte? Was war, wenn man Noah doch noch lebend fand, wovon die Polizei schon längst nicht mehr ausging, und es auch einen Hinweis zu ihrem eigenen Sohn geben würde? Hatte sie im Grunde genommen den Fall nur übernommen, um eine Hoffnung für sich selber zu haben?

Sie stand nackt vor dem Spiegel und sah ihre schmalen Schultern, dann zu ihrem kleinen Busen bis zu ihrem Bauch. Sie fuhr mit der Hand darüber und rief sich das Gefühl in Erinnerung, als sie Philipp darin gespürt hatte. Wer niemals ein Kind bekommen hatte, konnte dieses

Gefühl nicht verstehen. Und vielleicht war es auch gerade deshalb gut, dass es eine Frau war, die Doro vertrat. Man musste das Gefühl kennen, was es hieß, wenn einem das Liebste genommen wurde. Wenn jemand einem das Herz ausriss.

Das kalte Wasser aus ihren Haaren tropfte auf ihre Schultern. Sie nahm sich ein Handtuch und wickelte es sich um den Kopf. Dann hüllte sie sich in ihren weißen Bademantel und ging so nach unten, um sich einen Kaffee zu kochen. Bis Frahn kam, war es noch ein paar Stunden hin, in denen sie sich ausgiebig mit der Akte »Noah« beschäftigen konnte.

Wenn man einen fremden Täter ausschloss, blieben nur Doro, Steffen, der Nachbar und der Fahrer des schwarzen Wagens. Und auch wenn Paula sich um ihretwillen eine größere Organisation gewünscht hätte, so war es doch sinnvoll, sich zunächst auf diesen direkten Personenkreis aus Noahs Umfeld zu konzentrieren. Verbrechen an Kindern geschahen in den meisten Fällen im inneren Familien- und Bekanntenkreis. Selbst der Fahrer des schwarzen Wagens konnte zur Familie gehören. Doch er blieb ein Schattenwesen.

Konnte Steffen etwas mit Noahs Verschwinden zu tun haben?, fragte sich Paula. Und wenn ja, welche Motive könnte er gehabt haben, seinem Sohn etwas anzutun?

Stimmte etwas nicht in der Ehe von Steffen und Doro? Dachten sie an eine Scheidung und Steffen ertrug den Gedanken nicht, seinen Sohn nicht mehr zu sehen? Paula merkte, dass sie noch viel zu wenig über die persönlichen Verhältnisse von Doro wusste. Natürlich. Sie musste sie auch danach fragen, ob in ihrer Familie alles in Ordnung war. Doch dafür war heute nicht der richtige Zeitpunkt gewesen. Und dann würde sie auch mit Steffen sprechen müssen.

Paula lag auf dem Sofa, dachte nach, während ihr die Sonne auf den Rücken schien, und schlief schließlich irgendwann ein.

Frahn kam sich albern vor, als er alleine im Büro saß und darauf wartete, dass es endlich dunkel wurde. Darüber würde er mit Paula noch einmal reden müssen. Wieso konnte er nicht eher zu ihr kommen? Sicher, er verstand, dass sie nicht wollte, dass man ständig irgendwelche Wagen sah, die in ihrer Einöde aufkreuzten. Aber auf der anderen Seite, wer sollte das überhaupt sehen?

Paula. Das Wiedersehen mit ihr hatte ihn emotional ganz schön aus der Bahn geworfen, auch wenn er es zu unterdrücken suchte. Selbst Evelyn hatte ihn gefragt, was mit ihm los war, er wirke irgendwie angespannt. Er hatte darauf nur ausweichend geantwortet. Noch war er nicht bereit, Paula mit ihr zu teilen.

Er hatte jetzt genug davon, hier zu warten und schnappte sich seinen Wagenschlüssel.

Er wunderte sich unterwegs, wie gleich eigentlich die ostfriesische Landschaft aussah, obwohl er doch glaubte, sich einige markante Punkte gemerkt zu haben. Doch da war es dunkel gewesen. Er brauchte über eine Stunde, bis er endlich auf dem richtigen Weg war. Und dann noch eine weitere, nachdem er sich einige Male verfahren hatte, bis er endlich den Feldweg erwischte, der zu Paulas Haus führte. Erst da schlug sein Herz wieder ruhiger.

Ihr Wagen stand erwartungsgemäß vor dem Haus und auf den Steinstufen zur Tür saßen drei Katzen und sahen ihn neugierig an, als er ausstieg. Sie liefen auch nicht weg, als er die Stufen hinaufging. Vielleicht hatten sie seinen Geruch bereits im Haus wahrgenommen und wussten, dass er in guter Absicht kam, dachte er irritiert, als sie ihm hineinfolgten.

Ein komisches Gefühl, dass sie die Tür nicht abschloss, dachte er. Drinnen war alles ruhig. Er ging zu ihrem Arbeitszimmer und fand sie schlafend auf dem Sofa. Der Bademantel war leicht geöffnet und so konnte er einen Blick auf das erhaschen, was sich darunter verbarg. Er erinnerte sich an den einzigen Kuss, den sie ihm jemals geschenkt hatte. Und das auch nur scheu und voller offener unausgesprochener Fragen, was eigentlich daraus werden sollte.

Ihre Augen waren geschlossen und die dunklen Wimpern standen im Kontrast zu ihrem blonden Haar. Das Handtuch war ihr vom Kopf gerutscht und lag auf dem Boden. Auf dem Tisch stand ein Kaffeebecher und auf ihrem Bauch lag eine Akte. Er wusste, worin sie gelesen hatte, bis sie eingeschlafen war.

»Paula«, sagte er sanft, weil er vermeiden wollte, dass sie erschrak und womöglich glaubte, dass er sie beobachtet hätte, falls sie gleich wach wurde.

Sie bewegte sich leicht, ihr Arm fuhr Richtung Kopf. Dann schlug sie die Augen auf. »Frahn, was machst du denn schon hier?«, fragte sie und setzte sich auf. »Ich muss eingeschlafen sein.« Die Akte, die auf ihrem Bauch gelegen hatte, rutschte zu Boden und die Bilder von Noah verteilten sich auf dem Holzfußboden. Sie begann, sie aufzusammeln und legte alles auf den Tisch. »Ich bin gleich wieder da, ich ziehe mir nur schnell etwas an.« Sie huschte an ihm vorbei. »Du kannst uns den Rotwein ruhig aufmachen, ich bin sicher, dass er schmeckt«, hörte er sie vom Flur aus sagen.

Erst da erinnerte er sich an die Flasche, die er in der Hand hielt und lächelte. Es fühlte sich gut an, hier zu sein.

137

Frahn ging wie selbstverständlich in die Küche und nahm die geöffnete Flasche und zwei Gläser wieder mit in das Büro. Er konnte verstehen, warum Paula sich hier wohlfühlte. Das Haus hatte etwas von einer Festung. Die Decken waren hoch, die Fenster groß und die Türen schwer. Acht Zimmer gab es mindestens, überschlug er den Grundriss anhand der Zimmer, die er bereits kannte, im Kopf. Er konnte sich vorstellen, dass sie hier nicht wieder rauswollte. Acht Jahre hatte sie hier alleine verbracht, und wenn es stimmte, was sie sagte, dann hatte sie sich keineswegs einsam gefühlt. Höchstens ab und zu allein, weil Philipp nicht mehr da war.

Eine Katze sprang zu ihm aufs Sofa und er kraulte sie im Nacken, woraufhin sie ein wohliges Schnurren von sich gab.

»Jay mag dich«, lachte Paula, als sie zurückkam. Sie trug wieder ihre alte Jeans und diesmal ein weißes übergroßes T-Shirt. Ihre Haare hatte sie ungekämmt zusammengebunden, was sie wie ein junges Mädchen aussehen ließ, das gleich zu Farbe und Pinsel würde greifen lassen. Doch das tat sie natürlich nicht.

»Es ist also ein Kater«, sagte er, nur um etwas zu sagen.

»Stimmt. Ich habe zwei Kater und drei Katzen. Und alle kommen prima miteinander aus. Zeig mir mal eine Menschen-WG, wo das auch funktioniert.«

»Da muss ich wohl passen«, erwiderte Frahn.

Paula setzte sich nicht zu ihm aufs Sofa, obwohl er ihr Glas so abgestellt hatte, als würde er genau das erwarten, sondern sie nahm auf einem ziemlich alt aussehenden schweren Holzstuhl mit dickem roten Polster Platz.

»Du warst heute bei der Mutter«, sagte er und nickte ihr zu und setzte sein Glas an.

»Ja, das stimmt. Es war ganz schön ... anstrengend«, entgegnete Paula und prostete ihm ebenfalls zu.

»Anstrengend?«

»Irgendwie schon. Ich bin es nicht mehr gewöhnt, den Menschen in die Augen zu sehen.«

»Bereust du es? Ich meine, dass du den Fall angenommen hast?« Frahn legte die Beine hoch.

»Nein, das nicht. Sag mal, wieso hast du Doro ...«.

»Doro?«

»Ja, sie hat mich gebeten, sie beim Vornamen zu nennen. Für mich ist das Okay. Ich habe ihr allerdings nicht erlaubt, mich auch Paula zu nennen, falls du dich das fragst.«

Frahn wunderte sich und er wusste nicht, ob es gut war. »Es ist deine Entscheidung«, sagte er nur.

»Also, was ich fragen wollte«, fuhr Paula fort, »wieso hast du Doro den Kaffeebecher aus dem Haus von Münkel, auf dem man ihre Fingerabdrücke gefunden hat, nicht gezeigt? Ich meine, auf dem Foto wenigstens.«

»Das ging nicht, solange sie keinen anwaltlichen Beistand hatte. Sie ist eine Verdächtige. Am Ende können wir Erkenntnisse nicht mehr verwenden, wenn sie sich darauf beruft, dass sie ohne Anwalt ausgesagt hat und alles revidiert.«

»Schon klar. Aber es ist der Becher von Noah.«

Frahn machte große Augen. »Tatsächlich? Was bedeutet das?«

»Das ist die Frage. Es gibt mehrere Erklärungsversuche, die mir durch den Kopf gegangen sind. Entweder ist Münkel in das Haus der Familie gegangen und hat den Becher des Jungen gestohlen, oder aber jemand anderes hat das getan, um den Verdacht auf Doro zu lenken.«

»Wieso ist es Noahs Becher?«, fragte Frahn, »es sah nicht nach einem Kinderbecher aus. Warum ist das so eindeutig?«

»Weil Doro sagt, dass sie drei Becher von einer Töpferin für sie alle hat anfertigen lassen. Und der besagte Becher gehörte ihrem Sohn.«

»Das könnte gelogen sein.«

»Dann würden wir es doch herausfinden, wenn wir ihren Mann befragen. Nein, das glaube ich nicht, dass sie so dumm wäre, in der Sache zu lügen.«

»Stimmt. Dumm erscheint sie mir auch nicht.«

»Ich tippe ja darauf, dass ihr jemand etwas anhängen will. Der Becher ist der einzige Beweis, dass sie in dem Haus von Münkel gewesen ist. Und sie selber bestreitet es nach wie vor, jemals dort gewesen zu sein. Und mal im ernst, sie ist klein und schmächtig. Wie um Himmels willen soll sie den alten Mann alleine aus dem Haus getragen haben?«

»Er könnte auch gelaufen sein«, schlug Frahn vor.

»Sicher, das stimmt. Aber dann müsste sie ihn irgendwie in Schach gehalten haben. Das ginge höchstens mit einer Waffe. Und? Haben wir eine Waffe bei Doro gefunden? Nein.«

»Stimmt. Und dann bleibt noch die Frage, wo sie ihn eigentlich hingebracht haben soll.«

»Und warum?«

»Das könnte man noch damit erklären, dass sie endlich in das Haus reinwollte, um zu sehen, ob ihr Sohn dort ist.«

»Sicher, da der Polizei ja die Hände gebunden waren. Aber wenn sie gesehen hat, dass Noah nicht dort ist, dann hätte sie Münkel doch längst wieder laufen lassen können. Das ergibt doch alles gar keinen Sinn.«

»Nein, es ergibt irgendwie alles keinen Sinn. Das ist ja das Fatale an diesem Fall. Noah hatte im Prinzip gar nichts mit diesem Münkel zu tun. Und nur, weil der Mann Doro geholfen hat, ist er überhaupt ins Spiel gekommen«, meinte Frahn.

»Ja. Und merkwürdigerweise will er dann auch noch diesen mysteriösen schwarzen Wagen gesehen haben. Das hört sich alles wenig glaubwürdig an für mich.«

»Und vielleicht ist es gerade genau deswegen wahr«, meinte Frahn, stand auf und lief im Zimmer auf und ab. »Nehmen wir doch einfach einmal an, es gibt diesen schwarzen Wagen wirklich …«.

»Ihr findet ihn ja nicht«, sagte Paula.

»Ich weiß.« Frahn stand am Fenster und sah nach draußen. »Es ist so ruhig hier, fast unheimlich.«

Wenige Augenblicke später stand sie neben ihm. »Mir ist es in der Stadt unheimlich, wo viele Menschen den ganzen Tag Lärm machen«, sagte sie.

»Wenn ich das nächste Mal herkomme, dann könnte ich meine Hunde mitbringen. Sie würden dir gefallen.«

»Na, ob das meinen Katzen gefällt?«, fragte Paula, die sich innerlich dagegen sich innerlich noch dagegen sperrte, seine Besuche zur Selbstverständlichkeit werden zu lassen, obwohl sie es selber vorgeschlagen hatte.

»Ich denke schon. Es sind alte Hunde. Sie sind froh, wenn sie noch irgendwo ein stilles warmes Plätzchen haben und ihr Futter bekommen.«

»Ich wusste nicht, dass du gerne Hunde magst.«

»Ich wusste es auch nicht. Meine Ex-Frau hat sie angeschafft und sie mir nach der Scheidung einfach dagelassen.«

»Ganz schön herzlos.«

»So war sie wohl immer, ich habe es nur zu spät gemerkt.«

»Warum habt ihr euch scheiden lassen?«

»Wir haben uns eines Tages gefragt, warum wir zusammen sind.«

»Und?«

»Wir fanden keine Antworten darauf.«

»Mark hat mich anfangs hin und wieder hier besucht«, sagte Paula.

»Und jetzt nicht mehr?«

»Schon lange nicht mehr. Ich glaube, für ihn war es wichtig, den Halt im normalen Leben nicht zu verlieren. Mir bedeutet das normale Leben nichts mehr, seitdem Philipp weg ist. Wir haben uns schon bald danach scheiden lassen, aber er hat sich wohl noch lange für mich verantwortlich gefühlt.«

»Das kann ich verstehen«, sagte Frahn und sah sie von der Seite an. Sie hatte ein schönes Profil, eine schmale Nase, die gerade genug aber nicht zu viel nach vorne ragte, einen perfekten Mund mit vollen aber nicht aufdringlich wirkenden Lippen. Ihre hohen Wangenknochen stachen jetzt, da sie so abgenommen hatte, noch mehr hervor als sonst und ließen ihre Augen in kleine Höhlen verschwinden.

»Männer sind nicht so stark, wie immer behauptet wird«, sagte Paula, die seine Blicke spürte.

»Aber das hast du doch schon immer gewusst«, sagte er.

Sie nickte. »Solange ihr Münkel nicht habt, könnt ihr Doro auch nicht wegen Entführung oder gar Mord anklagen.«

»Exakt.«

»Dann schlage ich vor, dass sie auf Kaution freikommt. Bisher gibt es nur Verdachtsmomente und einen eher schwachen Beweis, dass sie in dem Haus gewesen ist, der sich schnell auch in der Luft zerreißen lässt.«

»Sicher hast du recht. Ich werde morgen mit dem Staatsanwalt darüber sprechen, damit es nicht unnötig verkompliziert wird.«

»Gut. Ich denke, wenn sie Hause ist, dann kann sie auch wesentlich mehr Fehler machen, wenn sie schuldig sein sollte.«

Frahn und Paula saßen noch lange in ihrem Büro, schwiegen, diskutierten kurz und schwiegen wieder. Für einen kurzen Augenblick schien es am Ende so, als würde er bleiben. Doch dann machte er sich auf den Weg zu seinem Wagen und fuhr nach Hause wegen der Hunde.

Die Anwältin

Die Wende

Als Frahn am nächsten Tag in die Dienststelle kam, winkte Evelyn ihn gleich zu sich an den Schreibtisch.

»Ich bin da auf etwas Interessantes gestoßen«, sagte sie. »Es gibt ein weiteres Kind, das vor gut einem Jahr in Friesland verschwunden ist.«

»Jeden Tag verschwinden Kinder, das ist leider so«, sagte Frahn, der noch ein wenig müde war.

»Sicher, das weiß ich auch. Aber in diesem Fall gibt es eine interessante Parallele zu unserem Fall Noah Schünemann.«

»Ach ja?« Jetzt wurde Frahn doch hellhörig.

»Ein Zeuge will einen schwarzen Wagen gesehen haben, der sich auffällig oft in der Nähe aufgehalten haben soll, bevor das Kind verschwand.«

»Du machst Witze«, sagte Frahn rhetorisch und war kurz darauf bei ihr am Schreibtisch. »Gibt es eine Beschreibung des Wagens?«

»Ja. Es handelt sich um einen größeren Wagen, vermutlich ein SUV. Natürlich gibt es auch da keine konkreteren Angaben zum Nummernschild, allerdings meinen zwei Zeugen, dass er aus dem Raum Jever kam.«

»Er ist also mehreren Leuten aufgefallen? Das ist interessant. Kannst du alles zu der Sache ausdrucken?«

»Hab ich doch schon«, lachte Evelyn und reichte ihm eine schmale Akte.

»Der Fall scheint ad acta gelegt zu sein, sonst wäre es mehr.«

»Ja«, seufzte Evelyn, »es ist immer das Gleiche. Vier Wochen wird fieberhaft daran gearbeitet, dann verlieren sich die Spuren. Und in diesem Fall, es handelte sich um ein neunjähriges Mädchen, gab es außer den Zeugen, die den Wagen gesehen haben wollen, nichts. Es ist tragisch. So, wie es aussieht, könnte es einen Zusammenhang zu Noah geben, was im Umkehrschluss dann auch wohl bedeutet, dass die weitere Suche sinnlos sein wird.«

»Wenn es sich um organisierten Menschenhandel handelt, auf jeden Fall. Die Verbrecher verstehen es nur zu gut, ihre Spuren zu verwischen. Und dass es sich bei dem Fall in Friesland um einen Wagen aus Friesland handelt, kann man sicher getrost als Finte bezeichnen. Sicher waren die Nummernschilder gestohlen. Gibt es da vielleicht eine Meldung?«

»Nein, nicht dass ich wüsste. Und es meldet sich auch nicht jeder gleich bei der Polizei, nur weil ein Nummernschild weg ist.«

»Ja, ich weiß. Es passieren sicher viele Dinge, die jeder Einzelne für unwichtig halten mag, die in der Summe aber durchaus zur Aufklärung von Verbrechen dienen könnten.«

»Sag das bloß nicht zu laut, sonst kommen die Menschen mit allem möglichen Kleinkram zu uns. Und das kann doch auch keiner wollen«, gab Evelyn zu bedenken.

»Ich weiß ja, dass du recht hast. Aber mir kommt da gerade ein ganz anderer Gedanke«, er gähnte und setzte sich an seinen Schreibtisch.

»Schlecht geschlafen?«

»Nein, eher zu wenig. Aber wenn ich gleich einen Kaffee trinke, geht es mir sicher wieder besser. Doch was ich sagen wollte ... es wäre doch möglich, dass der Fahrer unseres schwarzen Wagens Münkel entführt hat, weil er sich als Zeuge gemeldet hat.«

»Hm ...«, machte Evelyn und sah ihn skeptisch an, »das ergibt irgendwie keinen Sinn. Wenn es sich um einen Menschenhändlerring handelt, dann hätten sie eine Menge Arbeit damit, alle zu entführen, die irgendwo mal ihren Wagen gesehen haben. Und wenn du die Akte durchgelesen hast, dann wirst du feststellen, dass dort niemand entführt worden ist in Friesland, und das, obwohl es gleich mehrere Zeugen gibt, die den Wagen in der Nähe des Hauses, wo das Mädchen wohnte, beobachtet haben.«

»Du hast recht. Das wäre irrsinnig. Vergiss, was ich gesagt habe. Also bleibt es doch bei Doro Schünemann als Hauptverdächtige.«

»Denke ich auch. Und schließlich haben wir ihre Fingerabdrücke in dem Haus von Münkel gefunden.«

»Darüber wollte ich noch mit dir reden, denkst du, dass es möglich ist, dass sie auf Kaution freikommt?«

»Warum? Hat die Anwältin darum gebeten?«

»Sie hat es vorgeschlagen.«

»Tja, vermutlich gibt es keine Fluchtgefahr, da sie ja immer noch auf die Rückkehr ihres Sohnes wartet. Insofern spricht sicher nichts dagegen.«

»Denke ich auch. Ich werde mich darum kümmern.«

»Du? Ist das nicht Sache dieser Anwältin?«

»Schon, aber sie hat mich darum gebeten.«

»Aha.« Evelyn zog die Brauen hoch.

»Und dann gibt es da noch einen interessanten Aspekt«, fuhr Frahn schnell fort, bevor seine Kollegin noch hellhöriger wurde. »Der Becher mit den Fingerabdrücken von Doro Schünemann, er gehörte nicht zum Hausstand von Münkel.«

»Wie meinst du das?«

»Er stammt aus Schünemanns Haushalt.«

»Verstehe ich nicht …«.

»Ging mir auch zunächst so. Aber die Anwältin hat gesagt, dass Doro Schünemann den Becher als ihren eigenen identifiziert hat. Er stammt aus einer Dreiersammlung, die sie für sich, ihren Ehemann und Noah anfertigen ließ. Bei dem bewussten Becher handelt es sich um das Exemplar von ihrem Sohn.«

»Und wir haben sonst nirgendwo Fingerabdrücke von ihr gefunden, verstehe«, sagte Evelyn. »Das könnte bedeuten, dass ihn jemand bewusst dort hinterlassen hat, um den Verdacht auf sie zu lenken.«

Frahn nickte. »Das könnte es bedeuten.«

»Sie wird ihn ja wohl kaum selber dort abgestellt haben, damit man sie verdächtigt.«

»Denke ich auch nicht.«

»Aber sind wir dann nicht wieder bei dem Fahrer des schwarzen Wagens? Er könnte ein Motiv gehabt haben, ihr die Entführung in die Schuhe zu schieben, um von sich abzulenken.«

»Das stimmt«, sagte Frahn. »Und doch ergibt es unter den neuen Aspekten mit dem verschwundenen Kind in Friesland keinen Sinn, wie wir schon festgestellt haben.«

»Eine verzwickte Sache. Und am Ende muss es ja auch nicht so sein, dass es einen Zusammenhang zwischen diesen Fällen gibt.«

»Sieht aber irgendwie verdammt danach aus«, sagte Frahn. »So, ich werde jetzt mal die Akte lesen und dann Kontakt zur Staatsanwaltschaft aufnehmen wegen der Kaution und den neuen Erkenntnissen.«

Evelyn warf ihm über den Schreibtisch hinweg noch einen vielsagenden Blick zu und suchte nach weiteren Parallelfällen.

Als Frahn merkte, dass seine Kollegin beschäftigt war, zog er sein Handy hervor und schrieb Paula eine SMS: *Du solltest in die Dienststelle kommen. Neue Erkenntnisse.*

Es dauerte nicht lange, bis die Antwort kam: *Komm du lieber zu mir.*

Auch gut, dachte Frahn und sagte: »Du, ich werde die Akte zuhause lesen, irgendwie bekomme ich gerade Kopfschmerzen.«

»Alles klar«, rief ihm Evelyn nach. Natürlich hatte sie genau gesehen, dass er mit seinem Handy herumgespielt hatte. Und sie fragte sich, warum er sie in letzter Zeit immer mehr ausschloss. Eigentlich konnte es nur mit dieser Anwältin zusammenhängen, mit der er andauernd Gespräche führte, von denen sie kaum etwas wusste. Neugierig geworden öffnete sie den Fall »Noah Schünemann« am Bildschirm und hatte schnell den Namen Paula Fenders gefunden, die die Vertretung von Doro übernommen hatte.

Sie gab den Namen in die Suchmaschine ein und hatte nach kurzer Zeit den großen Artikel aus einer Ausgabe der Tageszeitung von vor acht Jahren auf dem Bildschirm in größter Auflösung geöffnet, der von einer Kindesentführung einer bekannten Anwältin berichtete. »Verdammter Mist«, schimpfte sie vor sich hin. Deswegen hat er mir also nichts gesagt.« Sie würde ihn zur Rede stellen, nahm sie sich vor.

Frahn fuhr den Weg zu Paula bereits routiniert und hatte so Zeit, seine Gedanken schweifen zu lassen. Er fragte sich, nein, eigentlich war er sicher, dass sie einen Fehler gemacht hatten, als sie die Aussage von Münkel, dass er einen schwarzen Wagen gesehen hatte, nicht ernst genug genommen hatten. Nur etwas passte dann nicht zusammen. Warum war er überhaupt entführt worden? Niemand musste sich Sorgen machen, nur weil er einen schwarzen Wagen fuhr. Davon gab es Hunderttausende. Eine Nadel im Heuhaufen, wenn man das Kennzeichen nicht hatte. Und trotzdem war Münkel entführt worden. Das wiederum deutete dann doch schon darauf hin, dass Doro Schünemann etwas damit zu tun haben musste. Auch wenn der Becher eine eher dünne Beweislage war. Jeder konnte den Becher in Münkels Haus gebracht haben. Am Ende sogar Münkel selber, wenn er ihn aus dem Haus der Schünemanns gestohlen hatte. Aber warum machte er so etwas? War er heimlich in Doro verliebt? Wollte er etwas von dem Jungen für sich haben? Hatte Doro am Ende doch recht, dass Münkel ihrem Sohn etwas angetan hatte?

Und plötzlich stand er vor Paulas Haus. Sie kam ihm auf der Treppe entgegen.

»Es muss ja wirklich wichtig sein«, sagte sie und wirkte leicht verärgert.

»Was ist los?«, fragte er zurück.

»Irgendwie bist du jetzt ständig hier …«.

»Du hättest ja auch in die Dienststelle kommen können, aber du wolltest doch, dass ich zu dir komme.«

»Ja, ich weiß«, gab sie zu. »Tut mir leid. Ich habe nur das Gefühl, dass ich nicht mehr für mich alleine bin, verstehst du?«

»Lass uns erst einmal reingchen. Was ich dir zu sagen habe, ist wichtig.«

Paula machte einen Kaffee und sie setzten sich in ihr Büro. Frahn schilderte alles, was er von Evelyn erfahren hatte und fügte auch seine eigenen Überlegungen auf der Fahrt hierher an.

Paula sagte zunächst einmal nichts.

»Ist doch schon ein ziemlich großer Zufall, dass man in Friesland auch einen schwarzen Wagen gesehen hat, findest zu nicht?«, fragte er, weil sie schwieg.

Sie nickte.

»Das wirft doch ein ganz anderes Licht auf den Fall, wenn du mich fragst. Im Grunde verhärtet es den Verdacht gegen deine Mandantin.«

»Wie?«

»Sag mal, hörst du mir eigentlich zu? Du wirkst irgendwie total abwesend seit ein paar Minuten.«

»Tut mir leid«, sagte Paula, »irgendwie geht es mir nicht gut.« Sie rannte plötzlich aus dem Zimmer und er hörte, wie die Tür des Badezimmers kurz darauf zuschlug.

Was ist los?, fragte er sich. Ließ noch einmal Revue passieren, was er gesagt hatte. War etwas daran falsch gewesen? Hatte er sie damit überfahren? Er rieb sich über die Stirn, sah nach draußen und plötzlich wusste er es. Schnell lief er auf den Flur und klopfte gegen die Tür. Er hörte, wie drinnen Wasser ins Becken lief.

»Paula?!«, rief er. »Mach bitte auf.«

Es dauerte eine Weile, bis sie herauskam. Kreidebleich im Gesicht sah sie ihn an.

»Es tut mir so leid«, sagte er, »manchmal bin ich ziemlich unsensibel.«

»Schon gut«, sagte sie, »geht schon wieder. Lass uns ins Büro zurückgehen. Ich werde auch mit Doro reden müssen und ihr die neuen Entwicklungen schildern.«

»Du denkst, dass diese Sache da in Friesland ... du denkst, dass es die gleichen Leute sein könnten, die auch damals ...«. Er traute sich nicht, den Namen Philipp laut auszusprechen.

Paula, die sich in dem Ledersessel verschanzt hatte, nickte. »Ja, das habe ich gedacht, als du es erzählt hast. Und es ist doch auch nicht abwegig, wenn wir von einem Menschenhändlerring ausgehen, oder?«

»Nein, abwegig ist es nicht«, gab er zu, dachte aber, dass doch verdammt viel Zeit zwischen den Fällen lag. Was aber natürlich nicht bedeuten musste, dass es keinen Zusammenhang geben konnte. Und schlimmer noch, wenn es einen Zusammenhang gab, dann lagen in diesen vielen Jahren dazwischen vielleicht noch viel mehr Entführungen, als sie sich vorstellen konnten.

»Du denkst, ich sollte mir keine Hoffnungen machen, richtig?« Paula hatte sich wieder gefangen.

»Keine Unnötigen zumindest ...«, sagte Frahn vorsichtig.

»Du hast recht. Und trotzdem gab es für mich nach all den düsteren Jahren wieder einen kurzen Augenblick des Lichts, verstehst du?«

»Natürlich verstehe ich das, ich würde es mir für dich auch wirklich sehr wünschen, dass du ...«.

»Philipp«, sag ruhig seinen Namen, »er ist ja nicht tot.«

Sie sagte es mit einer Überzeugung, die auch Frahn ansteckte.

»Du hast recht, sorry. Ich würde mir wünschen, dass du Philipp eines Tages wiedersiehst.«

Sie kam wieder aus dem Sessel hervor. »So, und jetzt sollten wir uns um den aktuellen Fall kümmern. Ich werde mit Doro reden, heute noch. Sie sollte erfahren, dass es zumindest einen Lichtblick gibt.«

»Mache ihr aber bitte nicht zu viele Hoffnungen«, mahnte Frahn. »Im Grunde wissen wir nach wie vor nichts.«

Er machte sich bald auf den Weg und Paula wartete noch eine halbe Stunde, bevor sie auch losfuhr.

Wieder frei?

Doro war überrascht, als Paula vorbeikam. Auf der anderen Seite war sie für jede Abwechslung, die sie aus der kargen engen Zelle herausholte, dankbar.

Paula schilderte ihr die neuesten Erkenntnisse, mahnte aber zur Vorsicht vor übertriebenen Hoffnungen.

»Außerdem wird man Sie noch heute auf Kaution freilassen. Sie sollten Ihren Mann informieren, dass er das Geld hinterlegt.«

»Kaution?«, sagte Doro und wirkte verzweifelt, »wir sind keine reichen Leute, wo sollen wir denn das Geld hernehmen?«

»Es handelt sich um fünftausend Euro. Der Staatsanwalt sieht bei Ihnen keine Fluchtgefahr. Denken Sie, dass Ihr Mann das Geld aufbringen kann?«

Doro überlegte kurz. »Doch, das müsste möglich sein. Wir haben ein kleines Sparbuch für Noah angelegt, damit er später eine vernünftige Ausbildung machen kann. Da müssten um die sechstausend Euro drauf sein, wenn ich nicht irre. Rufen Sie Steffen an?«

»Ja, kann ich machen.« Paula war es unangenehm, dass sie noch gar keinen Kontakt zu Steffen aufgenommen hatte, was Doro allerdings gar nicht weiter störte. Sie gab Paula die Nummer. »Er wird in gut zwei Stunden hier sein«, sagte Paula, als sie aufgelegt hatte.

»Oh Gott, endlich hier raus. Damit hätte ich heute wirklich nicht gerechnet.«

»Es ist sehr kontraproduktiv, dass Münkel gerade jetzt verschwunden ist«, sagte Paula.

»Wie meinen Sie das?«

»Nun ja, jetzt, wo sich die Hinweise auf die Richtigkeit seiner Beobachtung bezüglich des schwarzen Wagens verdichten, da wäre es schon hilfreich, wenn wir ihn intensiver dazu befragen könnten.«

Doro zog die Stirn kraus. »Verstehe. Ja, das ist wirklich dumm. Aber Sie glauben ja nicht daran, dass der Fahrer des Wagens ihn entführt hat, wenn ich Sie richtig verstanden habe. Also ist er wohl doch kein so wichtiger Zeuge.«

»Kann sein, kann aber auch nicht sein. Manchmal erinnert man sich erst später an wichtige Details, die einem vorher, als alles noch hektisch war, entfallen sind. Wir werden auf jeden Fall die Suche nach Münkel intensivieren müssen. Auch im Sinne Ihres Sohnes.«

»Dann glaubt die Polizei also nicht mehr an meine Schuld?«, fragte Doro, deren Blick sich bei Erwähnung von Noah verfinstert hatte.

»Die Schuldfrage lässt sich nur durch Beweise klären«, wich Paula einer konkreten Antwort aus. »Sicher wird es Ihnen gut tun, wenn Sie wieder zuhause sind.«

»Glauben Sie das wirklich?«, fragte Doro. »Ich jedenfalls denke, dass ich nie wieder glücklich sein werde, solange Noah verschwunden bleibt.«

Das verstehe ich nur zu gut, dachte Paula.

Es dauerte noch über zwei Stunden, bis Steffen mit dem Geld eintraf und die Entlassung von Doro vonstattengehen konnte.

Paula registrierte, dass die beiden sich nicht in den Arm nahmen, als sie sich gegenüberstanden. Sie sahen sich nur lange schweigend an.

Als die beiden endlich weg waren, nahm Paula ihr Handy und schrieb Frahn eine Nachricht.

Sie sind weg. Es kann losgehen.

Er antwortete:

Okay. Willst du bei mir mitfahren?

Sie schrieb:

Ja, gerne. Treffen uns dann auf dem Parkplatz.

Das erste, was Doro zuhause tat, war unter die Dusche zu gehen. Steffen kümmerte sich währenddessen um das Abendbrot. Während er auf sie wartete, sah er immer wieder aus dem Fenster. Draußen war alles dunkel. Er war nervös. Die Sache wuchs ihm sichtlich über den Kopf. Doch Doro gegenüber würde er das natürlich niemals zugeben.

Sie aßen praktisch schweigend, als Doro erfrischt und umgezogen wieder in die Küche zurückkam.

»Es schmeckt«, sagte sie.

»Danke«, erwiderte er.

»Wir tun das Richtige.«

»Natürlich ist es richtig.«

»Wir tun es für Noah.«

»Das weiß ich doch.«

Als beide keinen Hunger mehr hatten, räumte Doro die Reste in den Kühlschrank und das Geschirr in den Spüler.

Sie gingen dann gemeinsam ins Wohnzimmer, wo Steffen den Fernseher anschaltete. Es lief irgendetwas. Keiner von ihnen sah genau hin. Sie saßen nebeneinander auf dem Sofa und hielten sich bei der Hand. Hin und wieder wanderte Doros Blick auf eine kleine Pappfigur, die auf dem Fernsehtisch stand. Es war ein kleiner roter Drache mit gelben Flügeln. Noah hatte ihn ihr zum Muttertag gebastelt, als er drei Jahre alt war und den Kindergarten besuchte. Steffen hatte damals gelacht und gesagt, dass es schon merkwürdig sei, dass ein Sohn an einen Drachen dachte, wenn er seiner Mutter ein Geschenk machen wollte. Sie hatte mitgelacht. Damals. Da war alles so schön gewesen. Noah war schon so unendlich weit weg und sie hatte Angst, ihn ganz aus ihren Gedanken zu verlieren. Sie fühlte sich schuldig.

»Ich glaube, wir können langsam losfahren«, riss Steffen sie nach einer Weile aus ihren Gedanken, »jetzt dürften die meisten Nachbarn schon zu Bett gegangen sein.«

Sie gingen in den Flur und zogen ihre Jacken und Schuhe an. Anschließend fuhr ihr Wagen fast unbemerkt von der Auffahrt herunter.

Sie merkten nicht, dass sich in einiger Entfernung ein Wagen in Bewegung setzte und ihnen folgte.

Doro und Steffen fuhren etwa anderthalb Stunden, bevor sie auf einen Feldweg abbogen. Der ihnen folgende Wagen hatte schon vor einiger Zeit die Lichter ausgemacht und hielt entsprechenden Abstand, um nicht entdeckt zu werden. Als Steffens Wagen schließlich hielt und Doro auf der Beifahrerseite ausstieg, hielt der Verfolger.

»Wir haben das Richtige getan«, sagte Doro, als sie neben Steffen auf das alte Bauernhaus zuging. »Es lag nicht in unserer Hand.«

Steffen nickte und zog die große Scheunentür auf. »Es wird alles wieder gut. Jetzt hat sich alles geändert. Man wird Noah finden.«

Frahn und Paula waren aus dem Wagen gestiegen und legten die letzten zweihundert Meter zu Fuß zurück.

»Denkst du, dass sie Münkel dort gefangen gehalten haben?«, fragte sie.

»Da bin ich ziemlich sicher«, erwiderte er. Es knackte, als er auf einen großen Zweig trat.

»Wahrscheinlich ist es so. Und jetzt, da sie wissen, dass die Aussage von Münkel noch wichtig sein könnte, lassen sie ihn frei, damit er der Polizei helfen kann. Ziemlich schräg, das Ganze.«

Sie schlichen bis auf Höhe des Wagens von Doro und Steffen und warteten. Dann flammte im Inneren des Haues in einem der Zimmer ein Licht auf.

»Eine Taschenlampe«, flüsterte Paula.

»Sie werden gleich rauskommen.«

Und was dann geschah, konnte keiner von ihnen im ersten Moment so richtig verarbeiten.

Steffen und Doro kamen wieder nach draußen. Und an der Hand hielt Doro einen kleinen Jungen.

»Ist das etwa Noah?«, fragte Paula fassungslos.

»Das werden wir gleich sehen«, erwiderte Frahn und rief laut: »Stehen bleiben, hier ist die Polizei. Frau Schünemann, Herr Schünemann, nehmen Sie die Hände hoch und lassen Sie den Jungen gehen.«

»Sie verstehen nicht!«, schrie Doro, »es ist alles ganz anders, als Sie denken.« Trotzdem nahm sie die Hände hoch und Steffen machte es auch.

Noah stand zwischen den beiden und sah von einem zum anderen. »Mama«, sagte er, »ist das Abenteuer jetzt vorbei?«

Dann erschien noch jemand im Scheunentor, den Frahn erst auf den zweiten Blick erkannte.

»Münkel? Was machen Sie denn hier?«, fragte er überraschter, als er es eben bereits gewesen war.

»Jetzt verstehe ich nur noch Bahnhof«, sagte Paula.

»Nicht schießen«, jammerte Münkel, »ich kann alles erklären. Es ist alles anders, als es im Augenblick vielleicht aussieht.«

Frahn forderte einen Krankenwagen und Verstärkung an.

Die ganze Wahrheit

Auf die Erklärung von Doro und Steffen waren beide gespannt. Das Verhör sollte am nächsten Morgen gleich um neun Uhr in der Dienststelle stattfinden.

Noah war ins Krankenhaus gebracht worden, um sicherzugehen, dass ihm nichts fehlte. Bevor sie nicht wussten, was da überhaupt gespielt worden war, konnte man über seine psychische Verfassung nur spekulieren.

Doro sah verlegen auf ihre Hände, als Frahn und Paula in den Verhörraum kamen.

»Darf ich es erklären?«, fragte Doro und wirkte nervös. »Wir haben Noah zu keinem Zeitpunkt geschadet.«

»Das wird sich noch herausstellen«, sagte Paula kühl. Alle Verbrechen, die in irgendeiner Weise mit Kindern zu tun hatten, machten aus ihr einen Eisberg.

»Vielleicht schildern Sie einfach, was geschehen ist«, schlug Frahn vor.

»Ja«, sagte Doro und begann von dem Tag an, als Noah nicht von der Schule nach Hause gekommen war.

Es war alles bis ins kleinste Detail von ihr geplant gewesen. Vor rund einem halben Jahr hatte sie das passende abgelegene Bauernhaus entdeckt und für wenig

Geld gemietet, weil es im Grunde abbruchreif gewesen war. Sie erzählte niemandem davon. Nicht einmal Steffen. Dann wartete sie, bis der richtige Zeitpunkt gekommen war, um Noah dort unterzubringen. Die Einzige, die von ihren Plänen wusste, war ihre allerbeste Freundin.

Auf die Frage, warum sie das alles gemacht hätte, antwortete Doro, dass Steffen nicht der richtige Vater von Noah sei. Niemand wüsste davon, weil sie Steffen bereits wenige Monate nach der Geburt von Noah kennen gelernt hatte, nachdem der eigentliche Vater, eher ein Herumtreiber denn ein verlässlicher Partner, sich aus dem Staub gemacht hatte. Er war der Verantwortung nicht gewachsen gewesen. Doro verzweifelte deswegen keineswegs, denn sie wusste schon da um sein Problem, Spielautomaten nicht aus dem Weg gehen zu können. Mit den Jahren, so erfuhr sie später von entfernten Verwandten, hatte er seine Spielsucht auch auf Kasinos ausgedehnt, was ihn finanziell vor wahnsinnige Probleme mit überhöhten Krediten bei windigen Finanzhaien stellte. Eines Tages, da stand der Vater von Noah vor Doros Tür und verlangte Geld. Sehr viel Geld. Er wollte 50.000 Euro innerhalb von achtundvierzig Stunden, sonst würde Noah etwas passieren.

Natürlich hatte Doro nicht so viel Geld und mit Steffen wollte sie eigentlich auch nicht darüber reden, weil sie sich

165

schämte. Also kratzte sie zunächst ihr eigenes Erspartes, was eigentlich für Noahs Ausbildung gedacht war, zusammen und übergab dem Mann dreitausend Euro, womit er sich zunächst zufriedengab.

Doch schon nach kurzer Zeit kam er wieder.

»Wir konnten doch nicht unser Haus verkaufen oder hohe Kredite aufnehmen«, schluchzte Doro. »Ich hatte solche Angst um Noah.«

»Und dann haben Sie sich dazu entschlossen, Noah aus der Schusslinie zu nehmen«, schlussfolgerte Frahn, wobei er für die Formulierung einen tadelnden Blick von Paula erntete.

»Was hätte ich denn machen sollen?«, jammerte Doro. »Steffen verdient zwar ganz gut, aber das hätten wir niemals geschafft. Und ich wusste auch, dass er uns niemals wieder in Ruhe lassen würde, weil ich ihm ja einmal Geld gegeben hatte.«

In ihrer Verzweiflung hätte sie sich dann keinen anderen Ausweg gewusst, als Noah vor dem Mann zu verstecken und eine Entführung vorzutäuschen. Sie hoffte, dass er von selber aufgeben würde, wenn es kein Geld mehr gab. Und irgendwann wäre Noah so in Sicherheit gewesen, weil dieser Mann bestimmt wieder untertauchte, wenn die Polizei ins Spiel kam. Letztlich hätte der Verdacht auch auf ihn fallen können, nach allem, was er sich geleistet hatte.

»Sie hätten auch die Polizei einschalten können«, sagte Frahn verwundert. »Wieso haben Sie das nicht getan?«

»Was hätte das bringen sollen?«, fragte Doro.

»Der Mann hat Sie immerhin erpresst. So etwas ist strafrechtlich relevant.«

»Klar. Und dann kriegt er wegen psychischer Probleme eine kleine Bewährungsstrafe und macht weiter wie bisher. Sie kennen den Mann nicht, ich habe Angst vor ihm gekriegt, als er bei mir in der Tür stand. Er war nicht mehr Herr seiner selbst. Er war durch die Geldhaie so unter Druck, dass er sicher alles getan hätte, um an Geld zu kommen.«

»Und warum haben Sie selbst Ihre eigenen Ehemann nicht eingeweiht? «

»Ich weiß jetzt auch, dass das ein Fehler war«, gab Doro zu, »aber ich dachte, es ist besser, wenn er auch glaubt, dass die Entführung echt ist. So verkleinerte sich die Möglichkeit, dass ich mit meiner Geschichte aufflog. Wenn nur ich Bescheid wusste, konnten alle anderen um mich herum doch so reagieren, wie sie es auch getan hätten, wenn die Entführung wirklich passiert gewesen wäre. «

Frahn wunderte sich über die Kaltblütigkeit, mit der Doro an die Sache herangegangen war. So konnte wohl nur eine äußerst verzweifelte Mutter handeln.

»Wer war diese Freundin, die Ihnen bei der vorgetäuschten Entführung geholfen hat? «

Doro kniff die Lippen zusammen und schüttelte mit dem Kopf. »Das kann ich Ihnen nicht sagen«, presste sie hervor, »ich habe es hoch und heilig versprochen. Sie hat nur unter dieser Bedingung mitgemacht und mir geholfen.«

»So einfach ist das leider nicht«, sagte Frahn, »immerhin hat sie sich an einer strafbaren Handlung beteiligt. Sie werden uns den Namen schon sagen müssen.«

Doro sah ihn nur aus kalten Augen an und sagte: »Ich werde sie niemals verraten, und wenn Sie mich dafür für den Rest meines Lebens ins Gefängnis stecken. Sie war die einzige, die mir in dem Moment helfen konnte. Und ich werde ihr ewig dafür dankbar sein. Aber verraten werde ich sie ganz bestimmt nicht.«

Frahn entschloss sich, diesen Teil zunächst einmal auf sich beruhen zu lassen. Wichtiger war, die restlichen Fragen zu klären.

»Gut«, mischte sich Paula ein. »Wann haben Sie denn Ihren Mann in die ganze Sache eingeweiht? Er wusste doch bestimmt irgendwann davon. Und wie passt Münkel in diese ganze Geschichte?« Natürlich konnte sie sich schon ihren Reim darauf machen, wollte es aber aus Doros Mund hören.

»Es war klar, dass ich Steffen nicht allzu lange etwas vormachen konnte«, fuhr Doro fort, die die abgrundtiefe Abscheu in Paulas Blick auf sich spürte. »Ich wollte ihn ja auch gar nicht anlügen, ich habe es zu Anfang nur zu seinem eigenen und natürlich auch für Noahs Schutz getan.«

»Sie denken also, dass ein Kind so eine Entführung, auch wenn sie nur vorgetäuscht wird, so einfach wegstecken kann?«, fragte Paula voller Verachtung.

»Nein, sicher nicht so einfach«, gab Doro kleinlaut zu. »Doch in dem Moment, da erschien es mir als die einzige richtige Lösung. Sie kennen seinen wirklichen Vater nicht, glauben Sie mir. Vielleicht hätten Sie dann genauso gehandelt wie ich.«

Ganz sicher nicht, dachte Paula und sagte: »Wann also haben Sie es Ihrem Mann gebeichtet?«

»Schon bald danach«, sagte Doro. »Ich habe meine Rolle als verzweifelte Mutter ja ganz gut spielen können, doch Steffen hat sich solche Sorgen um mich gemacht, dass ich ein schlechtes Gewissen bekam. Es war nicht richtig, dass ich meinen eigenen Ehemann weiterhin belog.«

169

»Und da haben Sie ihn eingeweiht?«

»Ja. Und er hat ganz wunderbar reagiert. Na ja, am Anfang, da war er schon etwas wütend, weil er ja nicht wusste, dass es Noah wirklich gut geht ... aber dann, als ich ihm alles erklärt habe, da konnte er mich auch ansatzweise verstehen. Auch wenn er natürlich sagte, dass ich ihn ruhig sofort hätte einweihen können.«

»Er hätte also ohne weiteres bei dem Spielchen mitgemacht?«

»Ich weiß es nicht. Und vielleicht war das sogar unterschwellig der Grund dafür, dass ich es zunächst alleine geplant habe, wer weiß.«

»Wie ging es dann weiter? Ich meine, wie kam Münkel ins Spiel?«

„Na ja, ich hatte Steffen jetzt an meiner Seite. Das war gut, weil meine Freundin sich ja auch nicht ewig freinehmen konnte. Irgendwann musste sie wieder zur Arbeit. Da hat Steffen die Betreuung von Noah übernommen beziehungsweise, wir haben uns abgewechselt. Es ist niemandem aufgefallen, dass wir nicht immer zusammen zuhause waren. Schon erstaunlich, wie gleichgültig Nachbarn sind. «

»Herr Münkel ja wohl offensichtlich nicht«, sagte Paula frostig. »Er hat Sie ja sogar nach Hause begleitet, als sie so verzweifelt nach Ihrem Sohn gesucht haben auf der Straße.«

Doro überging die unterschwellige Anfeindung und sagte: »Das stimmt. Da hatte ich den Mann wohl ganz falsch eingeschätzt. Und irgendwann, da musste ja auch Steffen wieder zur Arbeit, damit nichts auffiel. Also haben wir nach einer Lösung gesucht, bis er schließlich vorschlug, doch einfach mal den alleinstehenden netten Mann zu fragen, der mir geholfen hat. «

»Und dann sind Sie auf einen Kaffee zu Münkel rüber und haben ihn in den Plan eingeweiht? Und er hat einfach ja gesagt? Einfach so?« Paula konnte es nicht fassen, wozu Menschen fähig sein konnten. Hatte denn wirklich niemand darüber nachgedacht, was es mit Noah machen würde, wenn er wochenlang aus dem Schulalltag und von seinen Freunden ferngehalten wurde?

»So einfach auch wieder nicht«, sagte Doro, »aber er hat es verstanden, als ich ihm von Noahs Vater erzählt habe und wie er ist. Dann hat Bernd, ich meine, Herr Münkel, mir sogar angeboten, uns das nötige Geld zu geben, wenn er noch einmal auftauchen sollte. Er hätte genug, hat er gesagt, und wüsste gar nicht, was er damit machen sollte.«

»Das klingt ja wirklich alles ganz perfekt«, sagte Paula. »Aber eines müssen Sie mir doch noch erklären. Wieso haben Sie bei der doch ziemlich perfekten Planung den Kaffeebecher von Noah in Münkels Wohnung hinterlassen? Es war doch klar, dass man dann sofort Sie im Verdacht haben würde.«

Doros Augen wurden zu kleinen Schlitzen, als sie sagte: »Das war der einzige Fehler, den wir bei der ganzen Sache gemacht haben«, sagte sie. »Wir sind nie in der Wohnung von Münkel gewesen. Warum auch? Deshalb waren wir uns sicher, dass es keinen Hinweis auf uns geben würde, wenn er entführt wird. Der Verdacht, so war unser Plan, würde bei Münkels Entführung bestimmt auf den Mann mit dem schwarzen Wagen fallen.«

»Aber ...«.

»Tja, leider haben wir vergessen, dass ich Münkel den Becher von Noah gegeben habe, als er bei uns war und wir das weitere Vorgehen besprochen haben. Noah hatte nach seinem Lieblingsbecher gefragt. Herr Münkel sollte ihn mit in das Versteck nehmen. Aber das hat er dann wohl vergessen.«

»Verstehe«, sagte Paula. »Es war also ein dummer Zufall, über den Sie dann gestolpert sind.« In dem Moment war ihr Doro plötzlich völlig egal. Sie hatte nichts, aber auch gar nichts mit dieser Frau gemein. Doro wusste nicht, wie es sich anfühlte, wenn einem von einer Sekunde auf die andere das Kind genommen worden war. Im Gegenteil, sie

172

spielte ein grausames Spiel mit ihrem eigenen Sohn. Am liebsten wäre sie aufgestanden und gegangen. Und sie fragte sich, warum sie es eigentlich nicht tat. Im nächsten Moment verließ sie den Raum.

Frahn sah ihr nach. Er konnte sich in ungefähr vorstellen, was in Paula vor sich ging. Er würde sich um sie kümmern müssen.

»Ich werde mit Ihrem Mann und Münkel sprechen, um Ihre Aussage bestätigen zu lassen«, sagte er und war sich so gut wie sicher, dass Doro Schünemann sich einen anderen Anwalt würde nehmen müssen, wenn es zur Anklage kam.

Steffen erzählte es dann im Grunde genauso wie sie, nur mit anderen Worten. Die Entführung von Münkel war natürlich nur vorgetäuscht worden. Allerdings hätte er ihn schon hin und wieder an den Stuhl gefesselt, damit, im Falle, dass die Sache aufflog, er noch an seiner Geschichte, dass man ihn entführt habe, glaubhaft festhalten konnte, schon alleine wegen der Striemen an seinen Hand- und Fußgelenken.

»Wie lange hätten Sie das Spielchen denn so treiben wollen?«, fragte Frahn, der der ganzen Sache auch irgendwie Respekt zollte, weil sie es in ihrer Verzweiflung für den Jungen getan hatten.

»Das weiß ich nicht«, gab Steffen zu. »Doch Bernd hielt zu uns und er sagte, es wäre egal, wie lange es dauern würde. Wenn sie nur Noah vor diesem Mann beschützen konnten. Wir haben schließlich auch mit dem Gedanken gespielt, einfach ins Ausland abzuhauen, doch dann ist Doro verhaftet worden. Das war ein großer Schock für uns.«

»Oh, das kann ich mir lebhaft vorstellen, das muss alle Ihre Pläne kaputtgemacht haben.«

»Glauben Sie mir Herr Kommissar, meine Frau hat das nur aus Liebe zu unserem Sohn und aus völliger Verzweiflung und Sorge getan«, sagte Steffen, der Angst hatte, sich und seine Frau schon bald hinter Gittern zu sehen. Was würde dann aus Noah werden?

»Die Beweggründe habe ich verstanden«, erwiderte Frahn, »doch Verzweiflung entschuldigt nicht alles im Leben. Warum haben Sie Noah und Münkel aus dem Versteck geholt, als Ihre Frau auf Kaution freikam?«

»Na ja, Münkel wurde ja plötzlich als Zeuge wieder wichtig. Und wir hatten vor, Noah bei ihm im Haus unterzubringen. Niemand würde doch noch auf die Idee kommen, das Haus zu durchsuchen, das war ja schon erledigt.«

»Ihr Sohn hätte aber doch unmöglich auf Dauer bei Münkel im Versteck leben können. Wie um Himmels willen haben Sie sich das alles vorgestellt?«

»Ich weiß, es klingt alles ziemlich naiv«, gab Steffen zu, »doch unser Plan war, dass Noah eines Tages einfach wieder auftauchen würde.«

»Sie hätten ihn irgendwo im Park wie einen entlaufenen Hund ausgesetzt?«, fragte Frahn ungläubig, »ja, Sie haben wirklich Recht, das klingt verdammt naiv und völlig verantwortungslos dem Kind gegenüber.«

Steffen wusste nicht mehr, was er sagen sollte. Im Prinzip hatte der Beamte ja nur das ausgesprochen, was er selber im tiefsten inneren glaubte. Doch er musste zu seiner Frau halten, die alles nur aus Liebe zu ihrem Kind getan hatte.

Anschließend saß Frahn Münkel gegenüber und hatte eigentlich gar keine Lust, die ganze Geschichte noch einmal von vorne zu hören. Es ging auch schon auf zwei Uhr zu und er hatte Hunger.

Münkel machte es ihm dann leicht, indem er eine kurze Zusammenfassung mit konkreten Formulierungen bot, die sich im Großen und Ganzen mit dem, was Doro und Steffen ausgesagt hatten, deckte.

»Ich habe es nur für den Jungen getan«, sagte er zum Schluss, »mir blieb doch sonst kein Sinn mehr im Leben. Ich habe niemanden, keine Kinder oder Enkel. Seitdem meine Frau tot ist, lebe ich nur noch in den Tag hinein. Ich war so froh, dass die Familie Schünemann mich an ihrem Leben hat teilhaben lassen. Da war es doch nur mehr als gerecht, wenn ich ihnen auch mal helfe, wenn sie in einer Notlage sind. Es ging doch um den armen Jungen. Nicht auszudenken, was solche Kerle wie sein richtiger Vater alles mit ihm anstellen, nur um an Geld zu kommen.«

Und damit hatte Münkel zweifellos recht, dachte Frahn. Er ließ den Zeugen das Geständnis unterzeichnen und machte sich auf den Weg zu Paula.

Paula und die Trauer

»Du schon wieder«, sagte sie nur, als er plötzlich in ihrem Büro stand. Sie hatte sich auf das Sofa gelegt und eine Decke bis unters Kinn gezogen.

»Ist dir kalt?«, fragte er.

»Ja.«

»Ich könnte dir einen heißen Tee kochen«, schlug er vor. »Oder eine Suppe. Was hältst du davon, eine Kleinigkeit zu essen?«

»Seit wann kannst du kochen?«

»Du hast recht. Also einen Tee?«

Sie nickte und er ging in die Küche. Sie hörte, wie er Wasser in den Kocher laufen ließ, Tassen aus dem Schrank nahm und nach den Teebeuteln suchte, als er eine Tür nach der anderen öffnete. Dann hatte er sie wohl gefunden.

»Hier«, sagte er und stellte kurz darauf den dampfenden Becher auf dem Tisch ab. Anschließend setzte er sich in den Ledersessel und sah sie an, während er seine Hände an seinem Becher rieb. »Ich weiß genau, wie es dir jetzt damit geht«, sagte er.

»Ach ja?«, fragte sie und zog die Decke noch fester um sich.

»Du fühlst dich von der Frau betrogen. Sie hat mit ihren Lügen deine Gefühle zutiefst verletzt.«

»Bist du jetzt unter die Psychologen gegangen?«, fragte sie spitz. »Ich brauche deine Ratschläge nicht. Ich weiß selber, wie es mir geht.«

Er nahm es ihr nicht übel, dass sie so reagierte. Es hatte sie ganz tief drinnen getroffen. Alle ihre weit weg verscharrten Gefühle um den Verlust von Philipp waren wieder zutage getreten und sie hatte sogar versucht, einer Frau zu helfen, der es ähnlich ging wie ihr. Sie musste es jetzt bitter bereuen. Es war fraglich, ob sie jemals wieder jemandem über den Weg trauen würde. Paula war so. Für sie gab es immer nur schwarz oder weiß. Sie würde sich wieder hier in ihrem Haus mit ihren fünf Katzen verschanzen und der Welt den Rücken kehren. Und im Moment wusste er nicht, wie er ein Teil dieser Festung werden könnte. Denn das wollte er unbedingt. Er wollte Paula nicht noch einmal verlieren.

»Es tut mir leid«, sagte sie plötzlich, setzte sich ein wenig auf und griff nach dem Becher mit dem Tee. »Ich weiß ja, dass du es nur gut meinst.«

»Ach, ich habe doch selber schuld mit meinem Psychogequatsche«, winkte er ab. »Wer bin ich denn, dass ich dir erzählen will, wie du dich fühlst. Ich bin der Trottel, es tut mir leid.«

»Da möchte ich dir jetzt nicht widersprechen«, sagte sie und lächelte sogar ein wenig. »Und natürlich hast du recht, es tut verdammt weh. Ich möchte einfach nur noch alleine sein. Ich meine, mit dem Rest der Welt will ich nichts mehr zu tun haben.«

»Diese Leute haben Hoffnungen in dir geweckt ...«.

»Ja, in gewisser Weise natürlich schon. Aber das ist etwas, was ich ihnen jetzt wirklich nicht ankreiden kann. Das ist alleine mein Problem. Aber das, was sie mit ihrem Sohn gemacht haben, ist wirklich das Allerletzte. Es hätte bestimmt andere Lösungen für das Problem gegeben. Zum Beispiel die Polizei, so, wie du es ganz richtig gesagt hast.«

»Da stimme ich dir zu. Sie haben den Jungen aus seinem geregelten Leben gerissen, ohne Rücksicht auf Verluste. Ziemlich egoistisch, würde ich sagen.«

»Eben. Es ist fraglich, ob er nicht doch psychische Schäden davontragen wird. Irgendwann wird er Fragen stellen, wenn er größer ist. Und dann muss er erkennen, wozu seine Eltern fähig sind. Ganz zu schweigen von der Tatsache, dass sie ihm bestimmt noch nicht gebeichtet haben, dass Steffen gar nicht sein richtiger Vater ist.«

Frahn spürte, dass es ihr sichtlich besser ging und das stimmte ihn froh. Ihre Wangen bekamen wieder Farbe und ihre Augen changierten zwischen einem dunklen Grün und einem hellen Blau durch das einfallende Licht der Nachmittagssonne.

»Wieso siehst du mich so merkwürdig an?«, fragte sie.

»Tu ich das?«

»Ich finde schon.«

Sie schob die Decke ganz beiseite.

»Würdest du mir einen Gefallen tun?«, fragte sie.

»Jeden«, erwiderte er.

»Dann hole doch bitte deine beiden Hunde hierher, ich kann es mit meinem Gewissen einfach nicht mehr vereinbaren, dass du sie wegen mir immer so vernachlässigst und sie alleine in deinem Haus sind.«

Frahns Herz machte einen Satz. »Bist du sicher«, fragte er schnell, »ich meine, denke an deine fünf Katzen.«

»Die sind schon mit ganz anderen Dingen fertiggeworden«, grinste Paula. »Nun fahr schon los, ich möchte gerne mit euch spazieren gehen, bevor die Sonne untergegangen ist.«

Während Frahn unterwegs war, räumte Paula ein wenig auf. Dann setzte sie sich an ihren PC und sah in ihr Mail-Postfach. Die Nachrichten von Doro waren immer noch gespeichert. Es kam ihr wie ein böser Traum vor, als sie den Namen las. Wie war es möglich, dass ihr Leben, das über acht Jahre so ruhig und irgendwie lautlos verlaufen war, plötzlich auf den Kopf gestellt wurde, nur weil eine wildfremde Frau ihr Lügen auftischte? Es würde lange dauern, bis sie darüber hinwegkam, wie dumm sie gewesen war, überhaupt auf so eine Nachricht zu antworten.

Sie öffnete die Mails von Doro nicht mehr, sondern drückte auf Delete.

Danach ging es ihr schon wesentlich besser. Sie googelte sich ein wenig durchs Netz, las über alte Hunde und wilde Katzen und wie daraus eine eingeschworene Gemeinschaft werden könnte, wenn man es nur richtig anstellte.

Sie hatte den ersten Schritt getan und Frahn in ihr Leben gelassen. Jetzt konnte sie auch den nächsten tun. Was auch immer das sein mochte, das stand in den Sternen. Eines auf jeden Fall nahm sie als positiven Aspekt aus dieser ganzen Geschichte mit. Es gab noch Hoffnung. Irgendwo war ein kleines Mädchen entführt worden und es war ein schwarzer Wagen im Spiel gewesen. Das würde das Nächste sein, was sie machte. Sie würde diesen Wagen finden, und wenn es das Letzte war, was sie tat.

»Geht es dir gut?«, fragte Frahn, als sie später mit May und Amber über das weite Feld gingen.

»Ich weiß es nicht«, antwortete sie ehrlich, »aber ich arbeite daran.«

»Was meinst du damit?«, fragte er nach, weil er wusste, dass sie so etwas nie ohne konkrete Hintergedanken sagen würde.

»Ich denke, wir sollten den Fall mit dem verschwundenen Mädchen wieder aufrollen«, sagte sie vorsichtig.

Frahn wusste sofort, was sie meinte. War aber noch nicht bereit, sofort zustimmend darauf einzugehen und sagte nichts.

»Es ist mir egal, ob du mir dabei hilfst«, sagte Paula selbstbewusst und er spürte, dass ihr dieser kleine Hoffnungsschimmer Kraft gab. »Und ich könnte es ja auch verstehen. Du hast noch deinen Job zu erledigen, da kannst du nicht einfach …«.

Er griff nach ihrer Hand und sagte: »Paula, natürlich helfe ich dir soweit ich kann, wenn es auch nur den Hauch einer Chance gibt, dass du Philipp wiederfinden kannst.«

»Danke«, flüsterte sie und drehte sich weg, weil ein Meer aus Tränen in ihren Augen schwamm.

Die Tage danach

Während der Prozess für die Angeklagten Doro und Steffen Schünemann und Bernd Münkel vorbereitet wurde, ging Paula, als sie sich stark genug fühlte, ins Krankenhaus, um Noah zu besuchen.

Sie hatte lange darüber nachgedacht, ob es ihr gut tun würde und hatte sich dann dazu entschlossen, diesem kleinen Jungen in die Augen zu sehen. Sie wollte wissen, was es mit ihm gemacht hatte.

Als sie ins Krankenzimmer kam, lief der Fernseher an der Wand.

»Hallo«, sagte sie und er blickte zur Tür. »Ich bin Paula, ich bin Anwältin.«

Neugierig kam Noah aus den Kissen hoch. »Ist das so was ähnliches wie die Polizei?«, fragte er.

»Irgendwie schon, so ähnlich jedenfalls«, antwortete sie und legte kommentarlos den gelben Teddybären auf sein Bett, den sie ihm mitgebracht hatte.

»Danke«, sagte Noah und nahm das Stofftier in den Arm. »Geld ist meine Lieblingsfarbe.«

Ich weiß, dachte Paula, die sich an den Kaffeebecher erinnerte, der alles ins Rollen gebracht hatte. Er hatte

183

dafür gesorgt, dass der Junge wieder aus seinem Versteck kam.

»Hilfst du meiner Mama, damit ich schnell wieder nach Hause kann?«, fragte er und sah sie aus seinen großen braunen Augen flehentlich an.

Das war der Moment, wo Paula ihre endgültige Entscheidung traf.

»Ja«, sagte sie mit leiser Stimme, »ich helfe deiner Mama. Sie ist ein guter Mensch.«

»Das ist gut, dann kann ich bald wieder nach Hause. Hier ist es nämlich ziemlich langweilig, auch wenn ich einen Fernseher habe und den ganzen Tag gucken kann, was ich will.« Er lachte verschmitzt.

»Ich tue alles dafür, damit du bald wieder zuhause bist«, sagte Paula.

Sie sah, wie sich sein Interesse wieder auf den Fernseher konzentrierte, wo ein neuer Trickfilm begann, den er offensichtlich mochte.

»Mach's gut«, sagte sie und war sich nicht mehr sicher, ob er das überhaupt gehört hatte. Dann schloss sie leise die Tür hinter sich und stand auf dem Flur.

Eine Schwester, die ihr auf dem Weg nach draußen entgegenkam blieb kurz stehen.

»Er ist ein tapferer kleiner Kerl«, sagte sie. »Er wird das ganze gut überstehen, auch wenn ich es natürlich nicht gut finde, was die Mutter getan hat.«

Paula wunderte sich, wie leicht alle, außer ihr, offensichtlich mit der Sache umgingen.

»Mütter können wohl manchmal nicht aus ihrer Haut«, sagte sie und ging an der Schwester vorbei und eilte nach draußen, weil sie die Luft in diesem Krankenhaus plötzlich nicht mehr ertrug.

Doro und Steffen Schünemann kamen mit einem blauen Auge davon. Der Richter folgte dem Gutachten des Psychologen, der den beiden verminderte Schuldfähigkeit wegen außergewöhnlicher psychologischer Belastung attestierte. In dieser Ausnahmesituation, wo sie um das Wohl, ja vielleicht sogar das Leben ihres Sohnes gebangt hätten, sei ihre Tat mehr als nachvollziehbar, ja, vielleicht sogar konsequent zu nennen.

Bei Bernd Münkel sah die Sache schon ein wenig anders aus. Er hatte sich der Mittäterschaft in einer vorgetäuschten Entführung strafbar gemacht, ohne persönlich involviert gewesen zu sein. Konnte also nicht auf verminderte Schuldfähigkeit plädieren. Aufgrund der hehren Absichten allerdings ließ der Richter Milde walten und verurteilte ihn ebenfalls zu einer Bewährungsstrafe mit einem Bußgeld, das an die Opferhilfe zu zahlen war.

Paula stand, nachdem alle das Gericht verlassen hatten, alleine auf dem Flur und wusste, dass erst jetzt die eigentliche Aufgabe auf sie wartete.

ENDE

Zur Autorin

Moa Graven: »Ich habe erst mit fünfzig meine Leidenschaft für das subtile Verbrechen entdeckt.«

Moa Graven ist Ostfriesin und liebt die Teestunden in ihrem Holzhaus in Mariehneil, wo sie mit ihrem Mann und zwei Hunden lebt. Durch Umwege über den Journalismus kam die passionierte Krimileserin selber zum Schreiben. Das war im Jahr 2013. Mittlerweile lebt die Autorin von sechs Krimi-Reihen vom Schreiben.

2017 eröffnete sie ein Krimi-Haus in Rhauderfehn, wo man sie auch besuchen kann.

Besuchen Sie die Autorin hier: www.moa-graven.de

Mein Brief an Sie, liebe Leserin und lieber Leser,

mit der Anwältin Paula Fenders ist wieder einmal eine Figur in mein Autorenleben getreten, die mich nicht mehr losgelassen hat. Eigentlich habe ich schon genug Krimi-Reihen, dachte ich zunächst. Doch diese Frau, Paula, sie hätte nicht einfach in einer der anderen Reihen als Nebenfigur auftreten können.

Und so entschloss ich mich, ihr einen ganz eigenen Krimi zu widmen. Ich hoffe, er hat Ihnen gefallen. In dem nächsten Band geht es, Sie ahnen es sicher schon, um die weitere Entwicklung um ihren verschwundenen Sohn Philipp. Ich habe schon viele Filme mit dieser Thematik gesehen und auch Bücher gelesen. Es ist trotzdem sehr schwer, sich in diese ausweglose Situation hineinzuversetzen. Wenn das eigene Kind von einem Tag auf den anderen nicht mehr das ist, gehört zu den schlimmsten Szenarien, die ich mir vorstellen kann.

Ihre Moa Graven

Die Krimi-Reihen von Moa Graven im Überblick

Die Kommissar Guntram Krimi-Reihe in Leer

Mörderischer Kaufrausch - Band 01
Mord im Gebüsch - Band 02
Mordsgeschäfte - Band 03
Das Meer schweigt ... - Band 04
Märchenhafte Morde - Band 05
Hinter verschlossenen Türen - Band 06
Teezeit - Band 07
Wer erschoss den Weihnachtsmann? - Band 08
Hannah – Vergessene Gräber - Band 09
297 Tage - Band 10
Tod einer Prinzessin - Band 11
Die im Dunkeln bleiben - Band 12
Taxi in den Tod - Band 13 (2019)

Kommissar Guntram ist ein Ermittler Anfang 50 mit den typischen Sorgen eines Mannes in der Midlife-Crisis. Er ist lange verheiratet, hat zwei fast erwachsene Kinder und wohnt in einem Einfamilienhaus in Logabirum.

Der Alltag macht ihm zu schaffen. Zuhause fühlt er sich überflüssig und im Job nicht mehr ausgelastet. Außerdem spukt ihm seine Kollegin Katrin Birgner mehr als gut für ihn ist, durch den Kopf. Doch es ist nur Freundschaft, jedenfalls von ihrer Seite aus.

Typisch Mann greift er immer öfter zum Whisky und seine Hauptnahrung besteht aus Chips und anderen ungesunden Sachen.

Im Laufe der Krimi-Reihe ereignen sich auch in seinem Privatleben viele ungeahnte Katastrophen, möchte man sagen. Und bald ist er auch einem Zusammenbruch näher als er selber zugeben mag.

Eva Sturm auf Langeoog

Eva Sturm ist bereits Ende vierzig, als sie von Braunschweig von ihrem Chef nach Langeoog versetzt wird. Sie selber fühlt sich abgeschoben und weiß nicht so recht, was sie auf so einer kleinen Insel machen soll. Sie ist ledig, war auch noch nie verheiratet, hat keine Kinder und lebt eher für sich und freundet sich nur mit Jürgen von der Touristinfo an, weil dieser nicht locker lässt. Er hat vom ersten Tag an ein Auge auf sie geworfen. Doch Eva hat noch andere Sorgen. Sie plagen die Geister der Vergangenheit. Sie wurde als ganz kleines Kind von ihrer Mutter in ein Heim gegeben und wuchs dann in Pflegefamilien und Heimen auf. Das hat sie geprägt. Deshalb findet sie nur schlecht Vertrauen zu anderen. Ihre Fälle löst sie auf ihre ganz eigene Art. Ziemlich unkonventionell und überhaupt nicht nach Polizeilehrbuch! Und auch Jürgen ist dabei immer an ihrer Seite.

Im Laufe der Krimi-Reihe erfahren Sie mehr über das Privatleben und es ändert sich einiges. Doch mehr möchte ich an dieser Stelle natürlich nicht verraten.

Die Profiler Jan Krömer Krimi-Reihe in Aurich

KillerFEE – Band 01

Todesspiel am Großen Meer – Band 02

Kneipenkinder – Band 03

Fallensteller - Band 04

Flächenbrand – Band 05

Blindgänger – Band 06

Fremder - Band 07

Die Puppenstube - Band 08

H.E.A.T.H.E.R – *Band 09*

Lautlos - Band 10

Tattoo - Band 11 (2019)

Jan Krömer kommt als junger Ermittler aus der Großstadt auf die Insel Norderney zu einem Sondereinsatz, weil ein Serienkiller dort sein Unwesen treibt. Nach diesem Fall bleibt er in Ostfriesland und arbeitet in Aurich, wo er schließlich auch die vorübergehende Leitung übernimmt, weil sein Chef aus gesundheitlichen Gründen geht. Er macht eine Ausbildung zum Profiler und jagt in seinen Fällen fortan gemeinsam mit Lisa Berthold Serienkiller.

Jan Krömer ist Mitte dreißig und ein sehr feinsinniger Typ. Er nimmt bei seinen Fällen eher Witterung auf, als dass er wie ein Ermittler nach gewissen Vorgaben vorgeht. Das macht ihn als Ermittler sehr spannend, auch für die Frauenwelt. Nach zwei heftigen und dann gescheiterten Beziehungen lebt er allerdings dann schließlich zurückgezogen auf einem alten Hof in Tannenhausen. Er holt sich einen Hund aus dem Tierheim. Mit seiner Kollegin Lisa Berthold, etwas jünger als Ja, versteht er sich auch privat sehr gut, doch an eine Beziehung denken beide nicht. Nach einem dramatischen Fall sucht Lisa sogar Zuflucht bei Jan auf seinem Hof. Bei gemeinsamen Abenden können die beiden gut miteinander schweigen, denn die Fälle, die immer brutaler werden, fordern ihre ganze Kraft im Alltag.

Der Adler – Joachim Stein Krimi-Reihe in Friesland

Der Adler – LaLeLu ... und tot bist du - Band 01
Der Adler - KALT - Band 02
Der Adler - NEBEL - Band 03
Der Adler - Lebenslänglich - Band 04
Der Adler – Der Nachbar – Band 05
Der Adler – Irreparabel - Band 06
Der Adler – Ohne Sünde sein ... - Band 07 (2018)

Joachim Stein hatte eine glänzende Karriere als Polizcipsychologe in Frankfurt. Bis er eines Tages einmal zuviel über die Strenge schlug. So jedenfalls sah es sein Chef. Er legte ihm nahe, sich vorzeitig in Pension zu begeben.

Für Joachim Stein, den alle wegen seines scharfen Verstandes nur „Der Adler" nennen, ist es Zeit, sein Leben neu zu ordnen. Um Abstand und endlich Ruhe zu finden, flüchtet er sich in eine alte Mühle in Horumersiel in Friesland. Völlig zurückgezogen lebt er dort und geht nur nachts vor die Tür. Er hat mit den Menschen abgeschlossen.

Doch dann wittert der Journalist Hauke Flessner eine interessante Story für die Zeitung in Friesland, für die er arbeitet. Der Adler lehnt natürlich ab. Doch dann will es der Zufall, dass seine frühere junge Kollegin Mona Lu bei der Polizei in Friesland arbeitet.

Von da an lösen die drei gemeinsam Mordfälle in Friesland.

Sand und Meer – Kriminalromane Ostfriesland
Das Leben von Erik

Unter dem Sand - Band 01
Das leere Haus - Band 02 (2018)

Bei dieser Reihe handelt es sich um eine als Trilogie
angelegte tragische Geschichte um Erik. Einen jungen
Mann, der in Band 1 durch Tagebücher seiner
verstorbenen Mutter mehr über sich erfährt. Dinge, die
ihm nicht immer gut tun, und am Ende ist auch Mord im
Spiel. Da es sich bei dieser Reihe nicht um einen Krimi mit
Ermittlern handelt, schreibt Moa Graven zur Abgrenzung
hier unter dem Pseudonym Nils Vahrup.

Alle Bücher sind als Taschenbuch oder eBook erhältlich!

Soko Norddeich 117

Wetterleuchten und ein Todesfall - Band 01

Knietief im nächsten Mordfall - Band 02

Sie sind anders als die anderen. Und genau das schweißt sie am Ende zusammen. In der Soko Norddeich 117 lernen wir Thekla, Agneta, Okko, Siggi und Herbert kennen. Sie alle teilen das Schicksal, dass man sie aus dem normalen Polizeialltag einfach aussortiert hat. Sie sitzen in einem Büro in Norddeich an zwei Schreibtischen mit fünf Telefonen, die nie klingeln. Und in der Ecke wartet ein PC darauf, dass er angeschlossen wird. Die Männer spielen Skat, um sich die Zeit zu vertreiben, während Agneta und Thekla sich um ihre Gesundheit sorgen.

Im Grunde könnte es so weitergehen, wenn da nicht durch die Beobachtung einer aufmerksamen Mitbürgerin der erste Fall ins Haus schneit. Die Fünf ermitteln auf eigene Faust und beweisen, dass sie noch nicht zum alten Eisen gehören.

Die Anwältin

Düsterland - Band 01

Paula Fenders ist durch den Verlust ihres Sohnes eine Frau mit gebrochenem Herzen. Ihre Ehe zerbricht, ihre Karriere als Anwältin wird plötzlich bedeutungslos.

Sie zieht sich zurück, leidet und lebt schließlich mit fünf Katzen zurückgezogen in einem alten Haus, das sie durch Zufall entdeckt. Der ideale Ort, um der Welt den Rücken zu kehren.

Sie arbeitet anonym auf einer Online-Seite als Anwältin und berät Klienten in Rechtsfragen.

Vielen Dank für Ihr Interesse an meinen Krimis!

Besuchen Sie mich auch gerne in meinem Krimi-Haus Ostfriesland in Rhauderfehn, wo Sie die Taschenbücher auch erwerben können. Außerdem steht es für Sie als Ferienhaus zur Verfügung!

www.das-krimi-haus-ostfriesland.com

www.ingramcontent.com/pod-product-compliance
Lightning Source LLC
Chambersburg PA
CBHW021926040426
42448CB00008B/925